SOMMAIRE

À *Edwige,*

En matière d'art, le créateur authentique n'est pas seulement un être doué, c'est un homme qui a su ordonner en vue de leur fin tout un faisceau d'activités, dont l'œuvre d'art est le résultat.

Matisse

On pourrait s'étonner que les pensées profondes se trouvent dans les écrits des poètes plutôt que des philosophes. La raison en est que les poètes écrivent par les moyens de l'enthousiasme et de la force de l'imagination : il y a en nous des semences de science, comme dans le silex, que les philosophes tirent au jour par le moyen de la raison et que les poètes, par les moyens de l'imagination, font jaillir et mieux briller.

Descartes

PRÉFACE

Ce livre n'est pas le énième répertoire de jeux littéraires. S'il recense les jeux classiques (et beaucoup d'autres), ***c'est afin de stimuler le langage oral d'abord, écrit ensuite****, des enfants. À partir de contraintes ludiques, il s'agit de développer un travail sur la lettre, la syllabe, le mot, sa place dans la phrase, la syntaxe, les enchaînements, les rythmes, les constructions, les niveaux de langage, etc., et de rendre notre langue vivante.*

La contrainte motive, entraîne à réussir une gageure, fournit une règle et une unité, libère la parole et permet l'échange. Elle oblige à rechercher des solutions au-delà de l'impulsion, pousse l'imagination à reconsidérer les propositions spontanées, à puiser dans des connaissances reléguées au fond de la mémoire, laissées de côté par l'enfant.

En laissant en outre « du jeu » entre les éléments, elle établit de nouvelles relations entre langage parlé, écrit, et pensée. Le plaisir de réussir se double de la conscience du succès (puisque la contrainte est mesurable) et les jeux débouchent sur une authentique aventure créatrice et sur une exploration de la culture.

Comment demander à l'enfant de s'exprimer si l'on ne commence pas par lui donner la parole? *Quels moyens pour y parvenir? Nous savons que ce n'est pas la communication qui est appréciée par le maître dans tout « message » d'élève, mais l'aptitude à rédiger un rapport sur un sujet prétexte. L'enfant motivé à livrer sa personnalité comprend rapidement que son lecteur se contente de calibrer orthographe-grammaire-vocabulaire-syntaxe en se désintéressant du dit et du non-dit. Passé la déception de celui qui croyait* ***se*** *dire à son interlocuteur privilégié, il ne lui reste plus qu'à devenir « nul en français » ou « fort en thème », c'est-à-dire à feindre de traiter les « sujets » conformément aux conventions*. Mais qu'est-ce qu'une langue indifférente au souci de communication et de relation?*

Imaginer qu'on améliorera l'écrit des élèves dans une classe où l'on ne parle pas est une absurdité *; espérer maîtriser le problème posé par la toute-puissance des ellipses nées de l'audiovisuel dans une classe silencieuse n'a pas de sens. Il faut parler, faire et laisser parler, répondre, communiquer,* ***vivre*** *avec les enfants. Et tout ce qui sera acquis par eux grâce aux multiples jeux de langue se retrouvera ailleurs le moment venu, y compris sur le plan scientifique. Le rêve égalitaire appuyé sur les mathématiques n'a plus de sens : tout le monde sait que les réussites en mathématiques sont socialement et culturellement ciblées.* ***Le vrai terrain formateur, c'est la langue,*** *une langue que tous ne possèdent pas, dont tous ne savent pas tirer parti, mais dont tous connaissent des rudiments de base. La vraie plaque tournante vers une réflexion de plus en plus pointue, complexe et variée, c'est elle. Espace ludique, espace de communication, espace formateur, il convient de l'enrichir — et parfois de la sauver!*

Par le biais des jeux, ***ce sont des réseaux relationnels variés, historiques et multiples qui seront posés et pratiqués.*** *L'enfant les retrouvera en changeant d'activité, « imprimés » (gigognes souvent). La vraie liberté « ne s'exerce que si l'on en connaît les règles. On ne peut s'épanouir qu'avec la connaissance devenue presque interne, automatique et inconsciente de ces règles » (François Richaudeau).*

Les contraintes ludiques injectent une culture qui manque à l'apprentissage du français scolaire. Elles ***élargissent le champ de l'imaginaire.*** *Finie, l'idée que l'enfant perd en vieillissant un potentiel créatif. Le « texte libre » est libre*

** Combien de phrases un élève dit-il spontanément en classe par jour? Combien de phrases écrit-il et communique-t-il au maître?*

** Le silence coûte plus cher aux enfants défavorisés qu'aux privilégiés.*

de reproduire les reflets de ce qu'il a subi. L'enfant, au départ hélas, n'a souvent que sa pauvreté culturelle à mettre en commun — voisine de « la pauvreté de celui qui lui refuse la parole ».
Dans les faits, et par la pratique, ***il s'agit d'apporter la culture plus tôt, sans ennui ni peine, et plus profondément.*** *De même que plus personne n'apprend aujourd'hui le solfège avant de toucher l'instrument, et joue tout de suite les œuvres des maîtres plutôt que les exercices de Dupont, de même, l'élève ne doit plus apprendre les composants de sa langue (et les racines) avant d'avoir le droit de parler.*
Découvrir, pratiquer, créer. Faire comme Marot ou Queneau, c'est entrer dans des démarches intellectuelles, un peu comme se servir d'outils permet de se représenter le cheminement de pensée de l'utilisateur. Pour aller au-delà.
On trouvera dans ce livre LITTÉRAIRE et PÉDAGOGIQUE, classés en quatorze rubriques, d'une part les jeux et références, d'autre part des extraits de productions d'enfants rencontrés un peu partout lors d'animations ou ateliers. Ce travail, tout de suite exploitable, est un travail de terrain. Les Anglais partagent le monde enseignant en enseignants « contact » et « no contact ». Ce livre s'adresse aux enseignants « contact », parce que ce sont eux seuls qui ***changeront l'école par la vie,*** *contre le nivellement réducteur.*
On a trop tendance à considérer l'enfant comme un futur adulte plus ou moins utilisable par une société qu'on imagine immuable. Non à l'adaptation à quelque chose qui brimbale. Il s'agit de former des générations enracinées et simultanément capables d'inventer l'avenir au lieu de se chercher une place dans le prolongement mental du présent. Le langage est donc doublement notre affaire parce que ***nous**** *sommes cultivés. Alors transmettons, et enrichissons sans complexes. (Y compris l'humour!)*

Yak Rivais

* ***Nous :*** *professeurs, bibliothécaires, instituteurs, documentalistes, parents...*

1

L'ACROSTICHE

Petit historique

L'acrostiche est pratiqué depuis l'Antiquité (Plaute). On le trouve même dans la Bible. On en connaît de célèbres. A la cour des rois, on s'en servait pour quémander :

L*ouis est un héros sans peur et sans reproche.*
O*n désire le voir. Aussitôt qu'on l'approche*
U*n sentiment d'amour enflamme tous les cœurs :*
I*l ne trouve chez nous que des adorateurs ;*
S*on image est partout, excepté dans ma poche.*

Comment, après un tel poème, Louis XIV pouvait-il refuser une bourse à l'auteur démuni de pièces à son effigie ?

D'autres, plus perfides, utilisèrent l'acrostiche pour régler des comptes. S'étant querellé avec Mangeot, directeur de gazette, l'humoriste Willy lui envoya un sonnet, que Mangeot publia. Il n'avait sûrement pas lu les premières lettres du poème !

M*usique, tu me fus un palais enchanté*
A*u seuil duquel menaient d'insignes avenues ;*

Nuit et jour, des vitraux aux flammes continues,
Glissait une adorable et vibrante clarté.

Et des chœurs alternant — dames de volupté,
Oréades, ondins, faunes, prêtresses nues —

Toute la joie ardente essorait vers les nues,
Et toute la langueur et toute la beauté.

Sur un seul vœu de moi, désir chaste et lyrique,
Ta fertile magie a toujours, ô musique !
Bercé mon tendre songe ou mon brillant désir.

Et quand viendra l'instant ténébreux et suprême,
Tu sauras me donner le bonheur de mourir,
En refermant les bras sur le Rêve que j'aime !

M A N G E O T E S T B Ê T E!

Et signalons l'existence d'acrostiches en fin de vers :

Quand Adam fut créé, tout seul il s'ennuy **A**
Dans de vagues pensées trop souvent absor **B**
Il suppliait son Dieu de les faire ces **C** *(...)*
(...) Et qu'un Dieu protecteur nous soutienne et nous **Z.**

Anonyme, fin du XIXe siècle

L'acrostiche se pratique encore à l'aide de syllabes ou de mots. Cet échange « poétique » entre Musset et G. Sand est resté fameux. Musset à G. Sand :

Quand *je mets à vos pieds un éternel hommage,*
Voulez*-vous qu'un instant je change de visage ?*
Vous *avez capturé les sentiments d'un cœur*
Que *pour vous adorer forma le Créateur.*
Je *vous chéris, amour, et ma plume en délire*
Couche *sur le papier ce que je n'ose dire.*
Avec *soin de mes vers lisez les premiers mots :*
Vous *saurez quel remède apporter à mes maux.*

G. Sand à Musset :

Cette *insigne faveur que votre cœur réclame*
Nuit *à ma renommée et répugne à mon âme.*

Acrostiche réduit, celui-ci compose un nom à raison d'un mot par lettre (Racine) :

R*ivalisant* ***A****vec* ***C****orneille* ***I****l* ***N****ous* ***É****tonna.* A. Duchesne

M*adame* ***E****urydice* ***R****eviendra* ***D****es* ***E****nfers.* J. Cocteau, *Orphée*

Lorsque nous aurons signalé l'acrostiche de lettres, chiffres, syllabes, mots, simultanément en début et en fin de vers (mais il existe aussi un acrostiche de prose !), nous aurons bouclé le résumé du sujet sur le plan historique.

En classe

Voyons ce que les enfants savent faire. Je ne donnerai pas toujours la provenance des textes cités car, depuis quelques années, j'ai enregistré de nombreuses bandes magnétiques parfois sans indications de lieux, parfois en les réutilisant ailleurs. Il s'agit aussi de textes reçus, dont j'ignore aujourd'hui l'identité des expéditeurs. Avec un CP d'Aubusson, suite à une histoire de sorcière, j'écris l'alphabet au tableau. Les enfants me proposent des actions de la vilaine vieille et nous essayons de remplir le tableau.

La sorcière...
A*ttrape son grand balai.*
B*outonne sa robe.*
C*rie très fort pour faire peur aux gens.*
D*onne un coup de pied à son chat.*
É*coute son hibou (...)*

A Amnemasse, je propose à d'autres CP de dresser une liste alphabétique de noms d'animaux. Comme des CE sont avec eux, je demande d'ajouter des adjectifs qualificatifs commençant par la même lettre :

Anaconda amusant
Bison beau
Chameau chevelu
Dindon dodu
Éléphant élastique,...

On pourra dresser des listes semblables de fleurs, objets, professions, personnages célèbres, etc.
Voici l'acrostiche produit collectivement en classe de 5e sur Coluche :

C'était un acteur qui est mort en 1988.
On l'a enterré à Paris.
Les films qu'il a faits étaient drôles.
Un soir, il a pris sa moto pour se promener.
C'est ce jour-là qu'il a été renversé.
Hélas, il ne fait plus de cinéma.
Et nous sommes tristes.

Après avoir fait choix d'un personnage, placer les lettres verticalement en début de ligne. Demander aux enfants de dresser le portrait du personnage en phrases débutant par les lettres placées. Au début, les élèves essaieront d'écrire une phrase par ligne. Ils découvriront qu'ils peuvent proposer des phrases couvrant deux ou trois lignes. Voici la proposition d'une équipe de quatre élèves :

Dressé sur ses pattes postérieures,
Rôdant par monts et par vaux,
Attention, voici le dragon !
Gare à ses crachats enflammés
Ou à ses griffes crochues !
N'essayez jamais de l'approcher !

CM, Cherbourg

Je précise : **tous** les jeux sont adaptables à **tous** les âges scolaires.

On pourra réaliser l'acrostiche en fin de ligne. Par une autre équipe, revoici le dragon :

*Regardez comme il se tor***d**
*L'horrible dragon en fureu***r!**
*Il rampe comme un énorme bo***a**,
*Son ventre gargouille, on dirait qu'il a bu un gro***g** (sic)
*Ses écailles épaisses sont couleur indig***o**.
*Attention, il crache du poiso***n**.

Ne pas exiger trop au début. Que l'enfant se familiarise d'abord avec la règle du jeu et mesure les difficultés. On pourra demander aux auteurs de se présenter ou de présenter quelqu'un (sur le prénom ou le surnom acrostiches). Le mode (sérieux, tragique, fantastique, comique, prose ou vers) sera laissé à l'appréciation des élèves... Voilà l'acrostiche de milieu de ligne :

*C'était un extraor***d***inaire animal vert*
*Au corps recouve***r***t d'écailles épaisses.*
*Ses naseaux crach***a***ient des flammes*
Et les **g***riffes de ses doigts ressemblaient à des couteaux.*
*Lorsqu'il gr***o***ndait de colère*
*Tout le mo***n***de avait peur aux alentours.*

Et, plus difficile, essayez l'acrostiche en début et en fin de ligne :

D*éfiez-vous de lui car il mor***d!**
R*estez chez vous, surtout le soi***r!**
A*u fond des bois, le dragon de Sumatr***a**
G*rogne et court en zig za***g!**
O*n dit que son souffle brûle comme un braser***o!**
N*'essayez jamais de voir le drago***n!**

Une classe de 6^e

Le recours au rythme est plus délicat. On s'imprégnera de ce rythme avant d'attaquer le travail. Exemple :

Dans une sombre caverne
Ronflait un puissant dragon,
Au corps écailleux et vert.
Gigantesque, il somnolait.
On le voyait respirer;
Nul n'osait s'en approcher!

Une classe de 6e

Le problème de la rime est en prime!

Au lieu de faire faire des acrostiches dont les lettres composent un mot ou une phrase, fournissant et le titre et l'explication de la composition, on essaiera maintenant d'écrire des acrostiches plus abstraits, par exemple sur les voyelles, ou sur l'alphabet.
Ce travail pourra s'engager de deux manières :
• Toutes les lettres, de l'alphabet par exemple, sont écrites au tableau verticalement. Les élèves remplissent les lignes sans souci de l'ordre au fur et à mesure des trouvailles.
• Les lettres étant au tableau, écrire les phrases dans l'ordre.
Dans le premier cas, il faudra retravailler les enchaînements. Dans le second cas, il faudra se préoccuper des enchaînements en cours de production, et baser l'écriture sur ceux-ci.

Avez-vous visité la Bretagne?
Belle région à l'ouest de la France,
C'est une vieille terre de légendes.
Des mers l'entourent
Et la bercent de leurs embruns (...)
Y viendrez-vous bientôt
Zieuter les monuments célèbres?

Voici la vie d'un personnage (provenance bretonne également!)

André Legarrec vécut à Paimpol de 1874 à 1936. (C'est faux.)
Beau garçon, il connut mille aventures amoureuses.

Cependant, il s'assagit en épousant une demoiselle Goffic.
Dès lors, il mena une vie exemplaire.
En fait, il s'était découvert une passion : l'ornithologie.
Foulques, mouettes, cormorans l'intriguaient (...)
Washington lui offrit une chaire d'ornithologue.
Xénophobe, Legarrec refusa de s'expatrier, il aimait Paimpol et
Y mourut en
Zozotant ses derniers mots : « Ils sont cons les oiseaux. »*

* En hommage à Chaval, je me suis permis de modifier la dernière citation du grand homme imaginaire, on m'en excusera si l'on peut !

Preuve qu'on peut mener le jeu avec des petits :

Aujourd'hui, nous allons chez nos correspondants.
Bienvenue à Nîmes !
C'est bien, la Tour Magne !
Durs à porter, les sacs !
Étranges, les arènes...
Faut les visiter (...) CE, Valence

Le jeu devient dialogue : un garçon et une fille échangent des répliques de A jusqu'à Z ; bien entendu, et tous les élèves participent.
Régulièrement, pour ce jeu, j'obtiens au début des répliques qui se contentent de recevoir la balle sans la renvoyer. J'exige alors que chaque réponse dépasse le simple accord ou refus et propose une relance. Le jeu n'est pas facile, il faut déployer imagination, astuce et souvent recourir à des tournures de langue extra-ordinaires.
(J'écris le texte au tableau en deux couleurs au fur et à mesure de sa composition, et je refuse l'usage de prénoms pour d'autres lettres que W ou X.)
Voici l'exemple d'un groupe mixte, enfants de CM, 6e, 5e, 4e, 3e et adultes, au cours d'un marathon d'écriture à Saint-Yrieix :

— *Allons au cinéma tous les deux si tu veux ?*
— *Bon, d'accord, mais quel film irons-nous voir ?*

— ***C**elui que tu voudras, par exemple un film romantique.*
— ***D**es clous : je préfère les films d'horreur!*
— ***E**t quel film te plairait?*
— **F**rankenstein *ou* La Mouche, *tu aimes?*
— ***G**uère! je préférerais un film tendre.*
— ***H**orrible!*
— ***I**l y a aussi les films d'aventures (...)*
— ***Y** serons-nous à temps?*
— ***Z**énith! nous sommes arrivés, on descend!*

Par des enfants de CM à Paris, la vie d'un grand sportif :

***A**ristide Costaud est un grand sportif.*
***B**rillant, il est le champion de son immeuble.*
***C**'est le meilleur nageur de brasse que je connaisse.*
***D**'ailleurs il s'entraîne tous les jours (...)*
***S**a fiancée en a assez.*
*« **T**u arrêtes le sport ou je te quitte, dit-elle.*
***U**n chantage, ça ne me plaît pas », répond-il,*
***V**a-t-en si tu n'es pas contente. »*
***W**hisky à la main, il essaie d'oublier sa tristesse.*
***X**avier, son copain qui a un accent, vient le consoler :*
*« **Y**' fallait pas vous dizputer;*
***Z**e vais vous réconzilier. »*

Sur la base alphabétique, on lancera des sujets voisins :

***A**imerais-tu aller sur les chevaux de bois?*
***B**eaucoup, mais je n'ai pas d'argent.*
***C**asse donc ta tirelire et tu en trouveras! (...)*

On pourra raconter une histoire connue, qui comportera bien entendu vingt-six phrases :

***A**h qu'ils étaient tristes les trois petits cochons de quitter leur maman!*
***B**ravement pourtant, ils se mirent en route (...)* CM

Pour compliquer le jeu, il suffira d'écrire de telle sorte que l'acrostiche des premières lettres soit l'alphabet en ordre, et que l'acrostiche des dernières soit l'alphabet à l'envers. Voici la description d'une ville par des adolescents (16-17 ans) allemands de Mayence :

A*vez-vous déjà visité la ville de* ***Mainz*** *?* (Mainz, c'est Mayence.)
B*eaucoup de touristes la visitent; alors allez-****y****.*
C*'est une belle ville et les habitants sont nombreu****x*** *(...)*

F*aites donc le voyage, vous ne serez pas dé****çu****!*

Bien entendu, les phrases des élèves étaient souvent tournées à l'allemande; c'est pourquoi je ne livre que le début. Je garantis l'authenticité de la première phrase, la plus astucieuse, produite telle quelle.

Je ne voudrais pas terminer le chapitre sans citer un exemple d'acrostiche de mots par deux filles de 6e :

Monsieur *vous nous faites rêver.*
Tirez*-nous de notre embarras.*
Vous *nous plaisez tant!*
De *nombreuses filles ont déjà dû vous le dire.*
La *classe tout entière vous adore!*

Tous les jeux d'acrostiches sont combinables à d'autres jeux et d'autres écritures. On en trouvera parfois dans les pages à venir étayées pourtant par d'autres jeux.

2

LE LOGORALLYE

Petit historique

Le logorallye consiste à écrire en introduisant dans le texte les mots d'une liste établie. L'ancêtre du jeu est le bout-rimé, dont l'inventeur fut sans doute Louis de Neufgermain dans deux recueils (1630,1637), et que le poète Dulot mit à la mode au milieu du XVIIIe siècle.

Saint-Simon rapporte que le poète Dangeau fut défié par Louis XIV, contre promesse d'un logement. Le roi, ayant lancé des « rimes sauvages » (selon Saint-Simon) à Dangeau, celui-ci répliqua par un poème, et obtint le logis sur-le-champ.

Au XIXe siècle, Alexandre Dumas organisa un concours et publia un recueil des œuvres des vainqueurs.
Aujourd'hui, seuls les chansonniers s'y risquent encore.
Le logorallye de prose attire davantage les auteurs. Dans ses *Exercices de style*, Raymond Queneau en écrivit un avec les mots suivants à caser dans l'ordre : « dot », « baïonnette », « ennemi », « chapelle », « atmosphère », « Bastille », « correspondance ». En voici le début :

Un jour, je me trouvai sur la plate-forme d'un autobus qui devait sans doute faire partie de la ***dot*** *de la fille de M. Mariage, qui présida aux destinées de la T.C.R.P. Il y avait là un jeune homme assez ridicule, non parce qu'il ne portait pas de* ***baïonnette****, mais parce qu'il...*

Une variante consiste à extraire la liste des mots imposés d'une page d'auteur. On peut aussi jouer à plusieurs et tirer les mots au hasard ou aux dés. Le peintre C. Zeimert, en tout cas, suggère à ses préfaciers d'emprunter un itinéraire obligatoire pour leurs écrits sur lui.
Plus largement, Queneau répéta non pas quelques mots, mais les mêmes éléments narratifs dans les quatre-vingt-dix-neuf *Exercices de style*. Il s'en servait pour briser la langue de bois, alors que la langue de bois est souvent l'effet pervers du logorallye, qui consiste à disséminer dans le discours un certain nombre de « mots/idées » au politique, ou de citations appropriées sur le parcours d'une thèse universitaire.

En classe

Le rallye le plus facile : donner à des (petits) enfants un certain nombre d'images muettes.
- Les enfants inventent une histoire. Ils emploient les dessins qu'ils souhaitent, ou tous les dessins.
- On laisse aux enfants des séries d'images séquentielles à ordonner pour raconter une histoire déjà établie.
- Jeu collectif. Écrire au tableau dans plusieurs cases, des noms de personnages amis, des noms de personnages

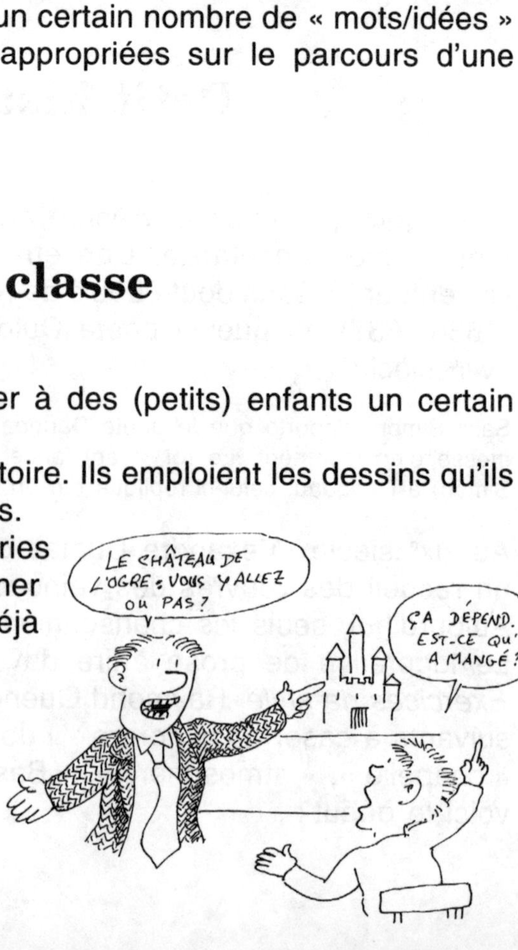

ennemis, des listes de pouvoirs, des listes de lieux et décors, des listes de dangers, des listes d'événements, etc. Dessiner l'itinéraire de l'histoire sur une carte.

Voici un autre jeu, à la portée des petits. Se présenter en rimant, à partir de quatre débuts de phrases. Ne pas exiger l'information réelle, mais laisser l'enfant libre d'imaginer. Un petit Beur d'Épinay m'a servi ceci :

Je m'appelle Hassan
Je n'aime pas le Ramadan
Mon père perd ses dents
Ma mère aime les billets de cent.

Épinay-sur-Seine

Les rimes n'étaient pas imposées. Sur des rimes imposées (ouverture d'un dictionnaire de rimes au hasard), par d'autres enfants un poème de structure A B B A :

Je m'appelle Marguerite
Je n'aime pas les policiers
Mon père est un vieux sorcier
Et il a une grosse marmite.

Ce pourrait être A B A B, ou B A B A, ou B A A B. Offrir toutes les possibilités aux enfants.
On peut imposer en cours de narration des tournures de phrases.

Le chat voulait me manger la langue.
Moi je ne voulais pas.
Alors je l'ai enfermé dans la cave.
***Le chat** est parti par la fenêtre.*
Il me cherchait dans le jardin.
J'ai fermé la porte à clé.
Il est passé par la cheminée.
J'ai allumé le feu.
Le chat s'est brûlé la queue.
Il a monté sur le toit.
Il va chercher un déguisement.

Il se déguise en monsieur.
***Il avait** un chapeau noir.*
***Il avait** une veste grise.*
***Il avait** une cravate bleue.*
***Il avait** des lunettes.*
***Il avait** une canne.*
***Il avait** des bottes.*
***Il avait** des moustaches et une perruque*
Il a frappé à la porte
Il a dit : « Je suis le facteur, je vous apporte une lettre. »
Moi je lui ai ouvert la porte
Mais j'ai vu sa queue qui dépassait
J'ai refermé la porte aussitôt
Le chat n'était pas content
Il avait reçu la porte sur le nez
Il voulait se redéguiser
Cette fois il s'est déguisé en dame avec une robe à carreaux.
***Il avait** du rouge à lèvres*
***Il avait** des chaussures à talons.*
***Il avait** des longs cheveux blonds.*
***Il avait** mal aux pieds à cause de ses talons*
Il a frappé à la porte
Cette fois-ci je me méfie
Il me dit : « Bonjour Monsieur. »
J'ai répondu : « Qui est-ce ? »
Il m'a dit : « Je suis une dame et je veux vous inviter à un bal. »
J'ai dit : « Oui. »
Je lui ai ouvert la porte mais le chat m'a sauté dessus
Je l'ai repoussé avec mes mains et j'ai refermé la porte.
***Le chat** n'était pas content*
Il voulait passer par la fenêtre, mais la fenêtre était fermée
Il a cassé un carreau
Moi je m'étais caché dans le placard
Le chat me cherchait dans la maison.
Il est allé** dans la cuis**ine
*Pour manger une mandar**ine.***
Il est allé** dans la salle à man**ger
*Pour regarder la t**élé**.*
Il est allé** dans le sa**lon
*Pour tricoter des chaus**sons.***
Il est allé** dans la salle de **bains
*Pour manger un morceau de **pain.***
Il est allé** dans les toi**lettes

*Pour aller chercher des lun**ettes**.*
Il est allé** dans la ch**ambre
*Pour recoller son **ombre**.*
Il est allé** dans la c**ave
*Pour aller chercher des better**aves**.*
Il est allé** dans le gre**nier
*Pour chercher un tab**lier**.*
Moi** j'étais dans le pla**card
*Je mangeais un bout de **lard***
Il y avait un livre qui traînait
Et je voulais le lire
C'était l'histoire de la sorcière
Et je me suis endormi et j'ai rêvé
Que j'allais me marier
Il se mariait avec le chat
Quelle drôle d'histoire.

CP – Poisson

Mes interventions sont en gras.

Simple logorallye de mots, par une enfant de CM de la banlieue grenobloise :

*Il était une fois en Afrique une dame qui balayait sous un **fauteuil**. Elle ramassait les **cailloux**. Elle n'en pouvait plus de fatigue et poussait des **soupirs**. Elle alla manger car elle était **affamée**.*

Je préfère souvent laisser les enfants choisir eux-mêmes des mots qu'ils aiment, sans leur dire ce qu'on en fera! Je le leur annonce après. Je n'impose pas d'ordre d'utilisation des mots.

*L'**amour** passe avant tout. Maman a mis au monde un bébé, elle est **heureuse**. C'est un **joli** bébé châtain de 3 kg. Il est gentil et en bonne **santé**. Ce jour-là, on a fait la **fête** à la maison.*

CM1-2, Saint-Yrieix

***L**'après-midi, le cheval galope sur l'**hippodrome**. Quand il pleut, il a du mal à avancer dans cette **saleté** de boue. Il préfère le **beau** temps. Il a **horreur** des orages car il a peur des éclairs.*

CM1-2, Paris

Pauvre Rimbaud ! Il n'y est pour rien, et pourtant les rimes du *Dormeur du val* ont produit ceci, dans un CM1 normand :

C'était une pauvre dame qui avait une robe en haillons.
Elle a volé une mobylette au bord de la rivière.
Sa robe s'est prise dans les rayons
Et elle est tombée à l'eau. Elle n'était pas fière.

Les jeux de logorallye sont plus fructueux si les mots imposés relèvent de la contrainte grammaticale. L'on demandera ainsi aux enfants de citer des verbes des trois groupes, que l'on placera sur neuf cases. Voici l'exemple d'un CE1 de Paris :

marcher	*grandir*	*lire*
finir	*prendre*	*nager*
aller	*inventer*	*punir*

En utilisant la ligne de leur choix, y compris la diagonale, les enfants me racontent :

Le joueur ***marche*** *sur le terrain de foot. Il* ***prend*** *le ballon à la main alors que c'est interdit. L'arbitre le* ***punit****.*

Nage *dans le grand bain, c'est bien.* ***Prends*** *une bouée. Quand tu auras* ***fini****, tu iras te rhabiller.*

Autres verbes, autre classe, une 6e de Grenoble :

aimer	*partir*	*fleurir*
rougir	*jouer*	*prendre*
dormir	*finir*	*chanter*

Les joueurs ***prennent*** *le ballon. Ils* ***jouent*** *sur le terrain. Le footballeur qui vient de marquer un but contre son camp* ***rougit****.*
Nous ***fleurissons*** *le vestiaire de notre équipe préférée. Les joueurs* ***prennent***

*le ballon à leurs adversaires. Tous les supporters **chantent** l'hymne de leur équipe après la victoire.*

Je propose parfois d'inventer un texte,
sans ordre ni sujet imposés,
en utilisant tous les verbes.
Voici par une classe de CM1-2 :

aller	*acheter*	*finir*
chanter	*descendre*	*manger*
pâlir	*faire*	*démolir*

*Hier, je **suis allé** à la fête. **J'ai acheté** une grosse glace avec de la crème. Je l'**ai mangée** trop vite. **J'ai fait** un tour de manège. **J'ai pâli** parce que j'avais mal au cœur. Le manège **a fini** quand même par s'arrêter. Je **suis descendu**. Je n'avais pas envie de **chanter**. On devrait **démolir** les manèges qui tournent trop vite!*

Autre forme encore (trois verbes dans une phrase) :

vendre	*acheter*	*finir*
chanter	*aplatir*	*apprendre*
fleurir	*mettre*	*manger*

*Un joueur de foot **a acheté** des crampons neufs qu'il **a vendus** quand le match **a été fini.***
*En **chantant**, un demi de mêlée **a aplati** un adversaire pour lui **apprendre** le respect.* (sic)
*Après **avoir fini** le match avec l'O.M., Jean-Pierre Papin **a vendu** son maillot pour **s'acheter** une glace.*(sic)
*L'arbitre qui **avait été acheté** par les Rouges **a été aplati** par les Bleus : ça lui **a mis** les idées en place.* (sic)

6e, Annemasse

Et si nous remplacions les verbes par des adverbes choisis par les enfants, sans ordre imposé ?

*Un matin, je me suis levée **paresseusement**. Je n'avais pas envie d'aller à l'école mais je devais y aller **obligatoirement**. Je suis partie **lentement**. Je suis arrivée à l'école dans la cour **tristement**. Une copine est venue me voir*

***joyeusement**. Elle était contente parce que son père lui avait **gentiment** promis de lui acheter un vélo tout terrain. Mais je l'ai envoyée promener **durement**. J'étais en colère à cause de l'école et je lui ai dit **méchamment** que je m'en moquais, de son vélo* (que je m'en « foutais » dans la version authentique). *Je pense que j'ai eu tort d'être si **bêtement** méchante avec elle.*

CE2, Paris

Et les adverbes par les conjonctions de coordination ?

*La sorcière se sert d'un balai **ou** d'une baguette magique. Son balai lui sert à voler **mais** ne peut pas changer les gens. **Donc** elle a besoin de sa baguette. **Or**, un jour elle l'avait perdue. Elle la chercha partout **car** elle en avait besoin. C'étaient ses voisins qui l'avaient prise **et** qui l'avaient jetée parce qu'ils en avaient marre d'être changés en crapauds.*

CM1, Paris

Avec les adjectifs qualificatifs :

*Le cheval du cavalier est **docile** quand il est bien traité. Quand le cavalier devient **violent**, le cheval se rebiffe. Le cavalier qui ne comprend pas ça est **stupide**.*

6e, région Metz

Histoire collective sur dix adjectifs en ordre alphabétique :

*Le bébé était **adorable**. Hélas, il était **borgne**. Et pourtant, sa mère le trouvait **charmant**. Il était très **drôle**. Il avait des airs **étranges** quelquefois à cause de ses yeux. Il paraissait **faible**. Il n'était pas **grand** à la vérité. Il était **honteux** quand il faisait pipi dans ses couches-culottes. Il avait alors un sourire **idiot**. Sa mère l'excusait parce qu'il était **jeune**.*

Tours

Les conjonctions de subordination se raréfiant, citons cet exercice:

***Dès que** le Petit Chaperon rouge entra dans la forêt, le loup s'approcha d'elle. **Comme** elle marchait lentement, il la rattrapa. **Pendant qu**'elle cueillait des fleurs, il courut chez la grand-mère. Il la dévora **parce qu**'il avait faim. Il était au lit **quand** le Petit Chaperon rouge arriva. Il la dévora **lorsqu'**elle se coucha avec lui.*

Bordeaux

A des enfants en difficulté, je propose un jeu portant sur les conjugaisons. Que trois verbes soient à trois temps différents, peu importe l'ordre, pourvu qu'on garde la logique :

Hier mon père a acheté un vélomoteur. Aujourd'hui, il a un accident. Demain, il ira à pied au boulot.

SES, Lille

Pour les divertir en réfléchissant, je suggère des conjugaisons à contretemps :

J'achèterai des bonbons la semaine dernière.
Mon chien a pris son bain demain.

Demandez à l'enfant de placer dans une phrase trois noms communs, un de personne, un d'animal, un de chose. Demandez ensuite, afin de recourir à un vocabulaire plus inhabituel pour lui, trois noms communs sans rapport logique entre eux :

*Le **scaphandrier** promène son **dromadaire** dans une **quincaillerie.***

CM2, Châlons

Compliquez en exigeant l'association d'un adjectif qualificatif à chaque nom, les deux commençant par la même lettre.

Associez un adverbe au verbe sur la même contrainte :

*Le **ch**irurgien **c**omique **d**isséquait **d**urement une **m**ouche **m**orte dans sa **cui**sine **cl**aire.*

Reliez les phrases obtenues au moyen de conjonctions de subordination :

*Le **g**ros **g**ardien **b**uvait **b**êtement une **b**ière **b**rune avec une **v**ieille **v**ache **pendant que** la **c**hanteuse **c**urieuse **p**romenait **p**iteusement son **c**rocodile **c**oquin sur la **p**lace **p**ublique.*

Groupe mixte CE-4e, Amiens

Dernier stade ! Adjectif et adverbe se suivront dans l'ordre alphabétique, en association avec les noms et décriront l'alphabet entier :

*Un **a**viateur **a**ttentif **b**alance **b**êtement un **c**rocodile **c**ocu sur le **d**ivan **d**ivin parce qu'un **é**léphant **é**légant **f**ume **f**inement une **g**auloise **g**rise avec un **h**orticulteur **h**orrible. Mais un **i**guane **i**rrésistible **j**oue **j**oyeusement avec un **k**imono **k**aki chez un **l**ecteur **l**udique pendant qu'une **m**onitrice **m**ignonne **n**age **n**erveusement avec son **o**tarie **o**range dans un **p**uits **p**rofond. Alors un **q**uadrilatère **q**uelconque **r**ougit **r**apidement devant sa **s**œur **s**omnambule sur un **t**aureau **t**êtu pour qu'un **u**rbaniste **u**tile et un **v**ulcanologue **v**ulgaire dans un **w**agon **w**esternien plein de **x**ylophones **x**énophobes et des **y**oyos **y**ougoslaves **z**appent **z**oologiquement un...*

CM2, Limoges

Le jeu peut porter essentiellement sur les verbes, à placer en ordre alphabétique à raison d'un par phrase :

*J'**a**ime beaucoup la nature. Le soleil **b**rille dans le ciel bleu. Un vent doux **c**aresse les arbres. Les fleurs **d**essinent des lignes jaunes et rouges dans les champs. La nature **e**mbellit. Il **f**ait un temps magnifique car c'est l'été. Les oiseaux **g**azouillent. Des écureuils se **h**issent aux sommets des pins. (...)*

CM, région de Caen

On étendra le jeu de logorallye à la phrase entière. Pour cela, faire dire aux enfants chacun une phrase sur un même sujet (avec une classe de SES, à Lille, nous avons raconté la visite du musée de Villeneuve-d'Ascq). Puis demander aux enfants de prendre quelques phrases dans celles qui sont au tableau, de manière à rédiger un compte rendu*.
Après cet exercice, une extension : en conservant la structure

* Même jeu, plus culturel : demander à chaque enfant de chercher une phrase qui lui plaît dans un livre. Travailler avec ces phrases.

grammaticale des compte rendus, effacer le reste et chercher à le remplir pour traiter un autre sujet.
Jeu de logorallye spécial : donner les mots-titres d'un journal, et laisser produire en les utilisant. L'information sécrétera alors logiquement de la fiction.
Autre jeu spécial : le logorallye sur fiche de renseignements. Donner une fiche de renseignements aux enfants et la leur faire remplir en parlant d'un personnage réel ou imaginaire, ayant vécu ou non. Les enfants, prenant appui sur la fiche, viendront ensuite parler du personnage.

Plus difficile enfin, le logorallye dialogué. Chaque équipe dispose donc d'un certain nombre de mots (pas les mêmes) :

— *As-tu **écrit** à tes parents?*
— *Je viens juste de **fermer** l'enveloppe.*
— *Ils seront certainement heureux de **lire** de tes nouvelles.*
— *Je leur ai dit que j'avais un rhume car **j'éternue** depuis que j'ai quitté la maison.*
— *C'est souvent comme ça quand on **voyage**.*
— *Même quand je dors, j'ai le nez qui me **chatouille**.*
— *Tu as dû prendre froid en **courant** prendre le train.*
— *Tu as raison, j'ai juste eu le temps de **bondir** sur le marchepied*
vu que le train démarrait.
— *Le contrôleur a dû te **chanter** son compliment!*
— *Je ne l'avais pas **volé**, c'est dangereux.*

5e, Rennes

A partir de trois phrases neutres : « Je vais au collège tous les jours. Je mange à la cantine. Le samedi, je ne vais en classe que le matin », des élèves me balancent un rap à trois :

— *Moi, je m'appelle Anne-Jo,* (Anne-Jo parle)
— *Hélène c'est mon nom,* (Hélène parle)
— *Et c'est moi Sandra !* (Sandra parle)
— *Hou-Hou-Hou !*
Nous sommes tout' les trois

En 5e trois ! (...) (Les trois en chœur)
Et nous vous disons
A la prochain' fois ! (Les trois en chœur)

5e, St Yrieix

L'exercice était dit en rythme, les filles frappaient dans leurs mains pour assurer la pulsation.

Élargissons le jeu, pour clore le chapitre, avec un jeu d'info-rallye. Le meilleur exemple est celui que j'ai fait paraître à l'École des Loisirs sous le titre *Le métro mé**pas**tro.* J'avais demandé à des enfants d'un atelier décloisonné (Paris, du CE2 à la 5e) d'inventer des monologues, dialogues, saynètes, etc., sur le thème du métro, à partir de trois informations neutres qui devraient figurer dans toutes les productions. A savoir : « Je prends le métro pour aller travailler. Dans la rame, les voyageurs sont assis ou debout. Des chanteurs grattent des guitares. »

J'ai fait faire le même exercice à plusieurs classes de 5e de Metz et à un gros groupe décloisonné d'Annemasse.
Ces productions furent jouées ensuite par leurs auteurs. Le travail débouche ici directement sur une exploitation scénique.
Je ne citerai pas mon livre, mais un texte de quatre fillettes de 5e, tel qu'il fut publié dans le bulletin littéraire du collège à Metz.

Le métro et ces messieurs

Le premier ministre et son secrétaire sont dans le métro.
Le ministre bouge énormément mais sans parler.
Alors un homme s'avance et dit :
— Mais que font-ils, ces deux-là ?
Le ministre s'exclame :
— Je vous affirme que le métro n'est réservé qu'à une classe sociale très médiocre. La RATP n'a pas l'habitude de recevoir des personnes de notre rang.
Le secrétaire réplique :
— Mais puisque je vous dis que...

Le ministre le coupe :
— Tenez, je vais vous le prouver. Nous allons demander à cet humble citadin.
Le secrétaire interpelle l'homme :
— S'il vous plaît, monsieur...
Le ministre l'interrompt à nouveau :
— Pouvez-vous nous décrire le métro ?
L'homme bégaye :
— B...Bien Bien sûr Monsieur, j...je le pr...prends tous !...les les jours.
Le ministre rétorque :
— Ne tournez pas autour du pot voyons !
L'homme continue :
— C'est p..pa..pas mal, mais aux..aux heur...heures de pointe, presque t..tou...tout le monde est d..de..debout et seuls quelques-uns s..sont assis.
Le ministre soupire :
— Pfff ! Demandez à quelqu'un d'autre. Par exemple à ce vieillard !
Le vieil homme fulmine :
— Quoi ! J'ai l'air d'un conard, soyez poli, monsieur.
Le secrétaire suggère :
— Tant pis ! Allons-nous-en, puisque personne ne peut nous renseigner.
Le vieil homme un peu sourd complimente :
— Mais non, vous êtes bien habillé, c'est même du Pierre Cardin !
...Un homme intervient après le départ du ministre :
— Pour une fois qu'il y a des gens bien, ici, pas comme ces jeunes aux cheveux multicolores qui grattent leur guitare à longueur de journée. C'est pas de sitôt qu'on reverra un ministre dans ce satané métro !

A propos du dictionnaire

Dans un premier temps, ne pas l'utiliser car il freine le rythme. Il faut que les enfants, poussés dans leurs retranchements par la contrainte du jeu, aillent puiser dans les réserves au fond de leur mémoire. Dans un second temps, on exploitera le dictionnaire à condition qu'il ne nuise pas au goût de la recherche et à la pulsion, mais aide à se hisser d'un cran au-dessus des habitudes — sans perte de temps.

Post-scriptum

En fait, « poste » scriptum. Ce logorallye spécial consiste à envoyer du courrier à quelqu'un en rédigeant l'adresse aussi originalement que possible. (Dans son prolongement, un jeu met plutôt l'accent sur le graphisme et se vend aujourd'hui sous le nom de « mail-art ».) Voici deux exemples littéraires :

Je te lance mon pied vers l'aine
Facteur, si tu ne vas pas où c'est
Que rêve mon ami Verlaine
Rue Didot, hôpital Broussais.

Mallarmé

Facteur charmant, petit chéri,
Porte vite ce poulet jaune
A Paul-Ambroise Valéry,
Trois, via, rue, ou street, de Beaune.

P. Louÿs

Si nous prenons la précaution de préciser que les P et T n'acheminent pas toujours ce genre de courrier et le renvoient à l'expéditeur avec la mention « la Poste n'est pas un jeu », c'est surtout pour épargner les déceptions aux éventuels amateurs. Que cela n'empêche pas les classes d'essayer de s'envoyer des lettres interscolaires, ou carrément à soi-même... pour voir. Difficulté supplémentaire, cependant, par rapport au XIXe siècle : le code postal. Il doit figurer clairement, et **faire partie** du texte. Bon courage ! J'ai reçu :

Monsieur Yak Rivais, écrivain.
Il vit rue d'Avron à Paris,
Au soixante-sept je vous prie,
Arrondissement numéro vingt. (Une erreur)

3

LE RYTHME

Petit historique

On l'oublie : le rythme est une donnée fondamentale de l'écrit, et de notre histoire littéraire. Le vers est né du rythme : c'est un jeu. Dès le Moyen Âge, la langue s'est développée sur sa base. Le vers a libéré la pensée.

Je ferai ces vers sur le pur Néant
Et ce ne sera sur moi ni personne,
Non plus sur amour ni sur la jeunesse
Ni sur rien d'autre :
Ils me sont venus là tout en dormant
Sur mon cheval.

Guillaume d'Aquitaine,
début du XIIe siècle

Les troubadours sont alors nombreux, et si la rime se fait peu à peu règle, le rythme fournit le souffle :

Ne sait chanter qui ne dit rien
Ni vers trouver qui ne dit mot

Nul ne sait comme il va des vers
Si leur mouvement ne l'anime...

écrit Jaufre Rudel à la même époque, soulignant et l'oralité du vers (*qui ne dit mot*) et le rythme fondamental des poèmes (*si leur mouvement*)...
Marie de France (*Ni vous sans moi, ni moi sans vous*), Chrestien de Troyes, Bernard de Ventadour, font fleurir l'amour courtois. D'autres, trouvères et troubadours, sont parfois plus graves comme Hélinand de Froidmont (*Mort est le rêt qui tout attrape*) ou anti-amour courtois comme Marcabru :

L'amour, plein de fausseté,
Prend le miel, laisse la cire,
Et pèle pour lui la poire.

Impossible de citer toutes les œuvres.
Mais comment ignorer le *Roman de la Rose* ?

Il le faut, notre propos n'étant pas l'histoire de la poésie, mais le rythme et le passage de la langue orale à l'écrit d'une part, et d'autre part l'émergence d'une écriture libérée par la contrainte rythmique. Certaines licences existent encore. Le Châtelain de Coucy « écrit » :

Je ne dis pas que je fasse folie,
***Mêm'** si pour elle il me fallait mourir.*

Rutebeuf ne se gêne pas non plus :

Car bien avez ouï le conte
***E**n quel**l'** manière...*

N'insistons pas, sauf à remarquer que du rythme pour règle du jeu, on passe à de vraies formes, maladroites, de pensée, puisqu'un Rutebeuf, plus amateur de satire que d'amour courtois, est un des premiers poètes à parler de soi-même et de sa vie. Sauf à remarquer encore que le rythme libérateur de la langue autorise les fatrasies de Beaumanoir, Bodel, Watriquet Brassenel de Couvin — lequel composait pour le plaisir royal entre 1320 et 1330 :

Doucement me réconforte
Une chatte à moitié morte...

Bien que travaillant le vers sur des structures poétiques (E. Deschamps a préparé le terrain),
elle se permet encore des licences. L'oral !
Toujours l'oral pour support, ce qui n'empêche pas la beauté !

J'ai verts yeux, petits sourcils,
Le chef rond, le nez traitis,
Rond menton, blanche gorgette ;
Suis-je, suis-je, suis-je belle ?
...
Ceux qui seront mes amis,
*Qui auront tel**l'** demoiselle ;*
...

« La fille qui n'a point d'ami » ?

Autant couper court, sauter par-dessus maints grands poètes (hélas), *mais où sont les neiges d'antan ?,* sauter les inventeurs de mots (*quotinaille, quetinailles, quocardaille, friandeaux*...), se passer des *sots lunatiques, sots étourdis, sots sages* (et autres sots de village), et même des chansons de geste. Allons, je ne résiste pas au plaisir d'en citer une mauvaise, pour changer !

De Bretagne fut né mais on ne sait pas quand
*A quelques lieues de Renn**es** une cité vaillant*
Dite la Motte-Brons où est un château grand.

Cuvelier, *du Guesclin*

C'est à la Renaissance que le passage de l'oralité rythmée à l'écrit s'effectue, après mille facéties brillantes de Marot, qui situait le vers sur le terrain du jeu.
Et c'est plus qu'une coïncidence si le passage du vers rythmé pour l'oreille au vers pour l'œil sera surtout l'œuvre d'un sourd : Ronsard.

La Pléiade va organiser le langage, placer les **e** muets ou prononcés :

Rome de Rome est le seul monument

comme écrit du Bellay.

Découverte de l'homme, mais aussi lien profond établi entre parole et pensée.

Mignonne allons voir si la rose
Qui ce matin avait déclose
Sa robe de pourpre au soleil...

Ce n'est pas seulement beau, c'est — au-delà du rythme — une écriture qui paraît enfin fluide, et, paradoxe ! ... parlée. L'alexandrin pointe ses syllabes majestueuses pour la rigueur du siècle à suivre. Mathurin Régnier, *de l'immortel Molière illustre devancier*, comme dira Musset, fera les frais de la mise en ordre. Défenseur du langage dit :

Perclus d'une jambe et des bras,
Tout de mon long entre deux draps,
Il ne me reste que la langue
Pour vous faire cette harangue...

il sentira peser la baguette du *grammairien pointilleux* Malherbe, ainsi nommé par Seghers.
Le XVIIe siècle va tout changer. Sa féroce pratique de la rythmique classique en fait un second langage. Racine, en y introduisant un inconscient, révèle l'existence d'une écriture quasi automatique :

Un songe — me devrais-je inquiéter d'un songe ?
Entretient dans mon cœur un chagrin qui le ronge.

La contrainte du vers va libérer le langage qui paraissait pourtant figé dans ses structures. Le XVIIIe siècle va chercher la prose que le XIXe siècle trouvera. Langue en miettes, le XIXe siècle exacerbera le jeu des vers, jusqu'aux extrêmes prouesses. Voyez Hugo :

Murs, ville
Et port,
Asile
De mort,
Mer grise
Où brise
La brise
Tout dort.
Dans la plaine
Naît un bruit...

La strophe suivante aura 4 syllabes, la suivante 5, puis 6, 7, 8, 10, et retour jusqu'à 2 :

On doute
La nuit...
J'écoute : -
Tout fuit,

Tout passe;
L'espace
Efface
Le bruit.

Prouesses de tous côtés, vers à échos, vers olorimes.
On attribuera même à Hugo ce qui appartenait à Monnier :

Gall, amant de la reine, alla, tour magnanime,
Galamment de l'arène à la tour Magne, à Nîmes.

Monnier

Le rythme supporte un jeu qui multiplie les disruptions et les difficultés, qui *préfère l'impair*, ou qui pulvérise le poème :

Hérodiade :
Oh! Tais-toi!
Nourrice :
Viendra-t-il parfois?
Hérodiade : *Étoiles pures,*
N'entendez pas !

Mallarmé

La poésie brise ses structures porteuses, elle va se glisser dans la prose avec la découverte fondamentale de l'écriture automatique. Elle gardera son support parlé dans la chanson :

Alle avait, sous sa toque d'martre
Sur la butt' Montmartre,
Un p'tit air innocent... Bruant

La suite, c'est le xxe siècle. La poésie s'étire ou perd sa rime, replonge avec P. Fort ou Prévert dans la saveur populaire du langage parlé ou s'insinue dans les méandres de l'inconscient. Le support rythmique pour l'oreille s'éteint peu à peu. Pourtant, de nouvelles langues arrivent, imposent d'autres métriques.
Par exemple le rock and roll :

One two three o'clock four o'clock rock!

pulsation quatre temps pour neuf syllabes. Le rap n'est pas loin.

Et pour finir, une devinette : quel est le plus court alexandrin de la langue française ?
Réponse : **I**

Un en chiffre romain et en garamond gras. Perec

En classe

Sans souci de la rime, rédigeons ensemble un poème-panique sur le rythme heptasyllabique. Le **e** doit s'entendre devant une consonne :

Je suis tombé sur la tête
Je suis complètement fou
Et je fais n'importe quoi.
Je grimpe sur le tableau,(...)
Je me cache sous mon lit.
Les pompiers se sont perdus,
Ils sont allés dans un bois,
Et moi je suis bien chez moi. CM, Cherbourg

Je suis tombé sur la tête
Je suis complètement fou
Je suis tombé de poussette
En faisant des galipettes
Du haut de la tour Eiffel (...)

Mais j'étais handicapé
Car j'avais très mal au pied
Je suis allé déjeuner
Et l'histoire est terminée.

5ᵉ – Metz

J'enregistre au magnétophone les vers dits par les enfants. L'histoire se bâtit progressivement. Je la fais entendre une fois l'enregistrement achevé. Je suggère encore un dialogue question-réponse sur le même rythme :

— *Aimez-vous les haricots ?*
— *Je préfère les bananes.*
— *Aimez-vous le cassoulet ?*
— *Je préfère les galettes.*
— *Avec de la confiture ?*
— *Avec du beurre et des œufs.*

Morlaix

N'hésitez pas à fournir aux enfants des structures établies. Ainsi, sur cet anonyme du XVIIIᵉ siècle, intitulé *les Mensonges :*

— *Compèr' qu'as-tu vu ?*
— *J'ai vu une vache*
Qui dansait sur la glace / A la Saint-Jean d'été.
— *Compèr' vous mentez,*

des élèves de SES ont réalisé collectivement :

— *Compère qu'as-tu vu ?*
— *J'ai vu un crocodile qui dormait sur un chêne,* (thème : animaux)
— *J'ai vu un éléphant qui volait dans le ciel !*
— *Compère qu'as-tu vu ?*
— *J'ai vu une chaise qui chantait dans sa chambre,* (thème : mobilier) *(...)*

Évidemment, les phrases étaient plus nombreuses, les strophes aussi.

Parenthèse : à partir de ce jeu, on pourra proposer aux enfants de rédiger en prose de faux articles journalistiques à la manière d'A. Allais. Voici l'article d'un des enfants de cette SES :

Hier, deux policiers ont vu un fauteuil qui sautait à la corde avec une armoire au collège Albert Camus. Les deux policiers ont essayé d'arrêter le fauteuil mais il s'est sauvé dans la rue. Un professeur s'est évanoui. L'armoire a été arrêtée.

Le support fatrasique est très riche. Il faut dire que la tradition n'a pas cessé avec la Renaissance. A preuve ce rapprochement :

Ce ruisseau remonte en sa source,
Un bœuf gravit sur un clocher,
Le sang coule de ce rocher,
Un aspic s'accouple à une ourse (...)

Théophile de Viau, *Fatrasie,* 1626

La vieille valise la chaussette et l'endive
se sont donné rendez-vous entre deux brins d'herbe
croissant sur un autel habité par des tripes
Il en est résulté la création d'une banque hypothécaire
qui prête des oignons pour recevoir des fauteuils (...)

Benjamin Péret, *De derrière les fagots*, 1934

Sur *Adieu aux dames de la cour,* de Marot :

Adieu la classe, adieu les filles,
Adieu la maîtresse et les gars,
Adieu le français et les maths (...)
Puisqu'en vacances nous partons
CM1, près de Marseille

Il a vécu
En Amérique
Ce petit cul
Or
nithologique
Or
J'en ai assez
Je vais pisser.

Apollinaire, *Quelconqueries*

A noter qu'Apollinaire souligne par ailleurs le hiatus entre œil et oreille :

« Passant auprès de moi le nègre Sam Mac Vea
Voyant que j'ai plus noir que lui s'affligea. »

Mais, puisqu'on prononce Mac Vi,

« Passant auprès de moi le nègre Sam Mac Vea
sur le socle aussitôt ces 3 noms écrivit. »

Les petits aussi peuvent écrire. D'après Charles Cros :

Il était un enfant bête, bête, bête,
A côté d'un enfant intelligent, intelligent, intelligent,
Et debout un maître méchant, méchant, méchant.

Il arrive avec une règle plate, plate, plate
Et frappe l'enfant bête, bête, bête (...)

Un élève, CE2

Et, par des CP, d'après la comptine d'Eluard :

A Moscou,
Sur un petit cheval roux.
A Bruxelles,
Sur un petit cheval sans selle (...)

Ce poème, en hexamètres est le fruit d'une classe de CE1-2, Paris, enregistré au magnétophone puis écrit au tableau :

Une belle princesse
Pleurait à sa fenêtre.
Elle était très jolie,
Elle avait les yeux bleus.
Elle était maquillée.
Elle avait un ruban,
Sa robe était dorée.
Ses cheveux étaient blonds.
La princesse était triste :
Son prince était parti
Pour aller voir son père
Dans un château hanté.
La princesse attendait
Depuis l'été dernier.
Elle pensait au prince.

« Quand donc reviendra-t-il ?
Où est-il mon beau prince ?
Est-il dans la forêt ?
Est-il sur le chemin ?
Est-ce que les fantômes
L'ont gardé prisonnier ? »
Soudain, elle entendit
Le galop d'un cheval.
C'était un messager
Qui venait annoncer
L'arrivée de son prince.
La princesse arrêta
D'inonder son château.
Elle était très joyeuse
Et se mit à chanter.

L'hexamètre offre l'avantage de préparer le terrain à l'alexandrin. Après avoir produit le poème, nous avons essayé de regrouper les vers pour faire des alexandrins. Problème : la césure. Après tâtonnements, les enfants ont suggéré des solutions :

Une belle princesse ***était*** *à sa fenêtre.*
Elle était très jolie, elle avait les yeux bleus.
Elle était maquillée, elle avait un ruban.
Sa robe était dorée ***et*** *ses cheveux* ***très*** *blonds.*
Pas de solution pour :
La princesse était triste : son prince était parti
Pour aller voir son père dans un château hanté...

La solution est venue d'une classe de CM de banlieue à qui j'avais soumis le problème :

La princesse était triste ***à cause*** *de son prince*
Parti *voir son* ***papa*** *dans un château hanté.*

Production individuelle en alexandrins, même classe :

Mon grand frère est allé voir un match de rugby
Mais il s'est bagarré avec des supporters.
Il a reçu un coup et il saignait du nez
Mais il était content d'avoir gagné le match.

Sur un rythme plus bref, une classe de 6e :

A la guerre
Les soldats
Tuent les gens.
Ils se cachent,
Ils se guettent,
Ils bombardent
Les villages.
Et les femmes,
Les enfants
Sont en larmes.
C'est l'horreur. (...)

Le texte suivant a été écrit au tableau par un groupe de huit enfants. Les rimes étaient recherchées dans un dictionnaire de rimes, outil également à conseiller pour la lecture et l'orthographe étant donné les listes de mots de même son qu'on y rencontre. Il s'agissait d'écrire une chanson pour le professeur de chant. Le nombre de syllabes par vers était précisé, tant pour les couplets que pour le refrain.

Pour faire un fameux gâteau
Il faut du chocolat chaud,
De la confiture
Et de la levure...
Refrain : *Cacao! Cacao!*
Chocolat chaud!
Pour faire un joli tableau
Il faut être Picasso,
Et de la peinture
Sans éclaboussure...
Cacao! Cacao!
Joli pinceau!
Pour faire un bon torero (...)

Le jeu d'écriture monorimée fait participer toute la classe. Pour cela, écrire une liste de rimes au tableau. Demander ensuite des vers, choisir un rythme, en refusant « j'ai vu », « il y avait », « j'ai rencontré ».

Titre dérivé de fatrasie :

FatrAfrique
Nous avons fait un grand voyage
En Afrique sous les feuillages.
Le ciel bleu était sans nuages.
Les lions marchaient dans les herbages,
Les buffles dans les marécages.
La panthère dans les branchages
Avait un splendide pelage.
Un ara était dans sa cage.
Les gens riaient dans un village;
Ils parlaient un autre langage,
Ne faisaient pas de gaspillage (...)
Ils ne portaient pas de lainages
Mais des magnifiques plumages
Pour aller à un mariage.
C'étaient d'étranges personnages
Qui dansaient comme des sauvages (...)

CM2, Seynod

Le support des chansons est pratique, mais il suppose que le maître connaisse la chanson choisie, ce qui n'est pas évident si l'on veut bien constater la distance culturelle qui sépare le plus souvent les professeurs de leurs élèves.

Si l'octosyllabe est d'un maniement aisé :

Ma copine a un petit chien,
Il est mignon, c'est un caniche.
Il joue avec nous à la balle,
Il frétille comme un poisson.
Il nous regarde, il a l'air drôle
On dirait qu'il veut nous parler...

CE2

les vers dépassant les douze syllabes donnent du fil à retordre. En fait, ils mènent à la prose. Voici un exercice proposé à des 5e de Saint-Quentin sur le thème d'expressions relatives au corps. Le nom du personnage, *Pépinet*, est emprunté à P. Soupault :

Monsieur Pépinet a les yeux en face des trous. (13 syllabes)
Monsieur Pépinet a la tête près du bonnet.
Monsieur Pépinet a souvent le cœur sur la main (...)
Monsieur Pépinet a le nez creux pour flairer les affaires (15)
Monsieur Pépinet n'a pas le pied marin sur les bateaux (...)

Changement de support : expressions en relation avec le chat :

Monsieur Pépinet a quelquefois un chat dans la gorge. (14)
Monsieur Pépinet dit que la nuit tous les chats sont gris.

J'ai déjà parlé de l'expression rap. Un travail bien découpé en couplets (individuels) et refrains (chœur) donne d'excellents résultats :

(2 voix ensemble) — *Ah ! dis mon pote*
Qu'est-ce que tu branles au bahut ?
(1 voix) — *Ah ! je suis au collège !*
(2 voix) — *A quelle heure tu bouffes ? A quelle heure tu bouffes ?*
(1 voix) — *Ah ! je bouffe à midi (...)*
(1 voix) — *Mon nom à moi c'est Huchet*
Au fond de la classe je suis sous-délégué
Mais je ne pouvais pas aller au Conseil
Parce que j'étais trop petit !
Ici J.-B. Darnet ce n'est pas du gâteau !
(Tous) — *Ici J.-B. Darnet tel est notre ghetto !*

5e

Bien sûr, le style peut s'améliorer. Le rythme aussi. (Je ne travaille généralement avec les enfants que le temps d'une rencontre — entre une et trois heures. Mais je veux préciser ici que le collège cité est très ouvert, assez pour que des élèves aient proposé ce rap en présence de leurs professeurs.) J'ajoute que la lecture rythmique — de n'importe quel texte — est un efficace travail préparatoire au rap.

Autre travail intéressant, à mener en groupe avec magnétophone : le poème à bruitages. Les enfants produisent des vers sur un rythme, mais, puisqu'il y aura des bruitages à ajouter, ils orientent leurs trouvailles vers des possibilités sonores. Voici un extrait d'atelier décloisonné à Paris :

Je suis monté dans le train... (bruit)
Le chef de gare a sifflé
Et le train a démarré. (train à vapeur)
Mais dans le compartiment
Il y avait un bébé
Qui s'est mis à pleurnicher. (bébé + train)
Un Monsieur s'est endormi,
Il ronflait comme un cochon. (ronflement/bébé/train)
Alors j'en ai eu assez,
J'ai sauté du train en marche. (train qui s'éloigne)
J'ai marché dans la campagne
Les petits oiseaux chantaient. (oiseaux)
Au loin, un chien aboyait. (chien + oiseaux)
La pluie s'est mise à tomber...(pluie)

Avant de clore, provisoirement, la question, je me permettrai de citer encore brièvement :

- le jeu d'allitération :

Un grand tigre ronronne et ronfle.
L'œil de l'écureuil est en deuil.
Le hibou tout fou fait Hou-Hou...

CM

- la recherche de vers sans **r** ou sans **s** :

L'océan Atlantique est bleu quand il fait beau (sans **r**)
Les sommets enneigés sont blancs comme du lait.
Le cartable était lourd mais mon père était fort. (sans **s**)
A la cantine on mange un peu n'importe quoi...

- la recette ou le menu rythmé :

La choucroute est bonne
Avec des choux verts
Du lard, des saucisses (...)

CM2, région de Strasbourg

- la recherche de rimes à une lettre près (préparatoire aux jeux sur les mots, devinettes, fables-express, etc.) :

*L'acteur a joué un rô**le***
*La dame a ôté sa ro**be***
*Mon père est allé à Ro**me***
*Ma mère a cueilli la ro**se***
*Quand je bois du Pschitt je ro**te.***

banlieue de Marseille

Voici d'ailleurs une fable express à partir de mots homophones :

Mon immeuble est beau
C'est pas un château
Mais c'est un pas-laid!

- le jeu d'inventaires, à la manière de Prévert ou Gripari. Par exemple, ici, la description d'une chambre en recherchant des mots de une, deux, trois, quatre syllabes :

Un lit,
Un placard,
Un couvre-lit,
Un électrophone,
Un pot,
Un miroir,
Un oreiller,
Un double rideau,
Un drap,
Un tapis (...)

CE2, Rouen

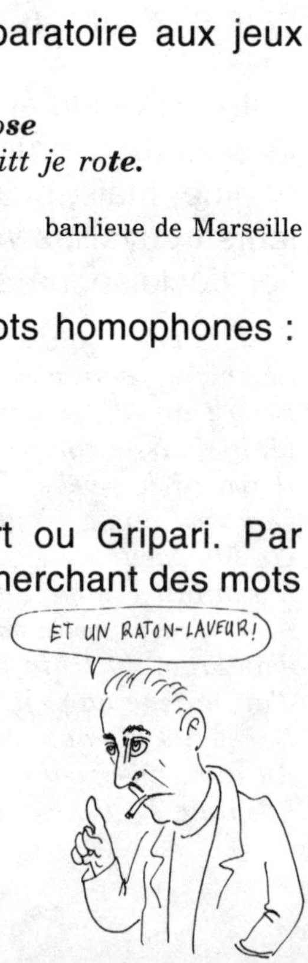

4

LES ENCHAÎNEMENTS

Petit historique

Ces jeux sont récents. Ma modestie n'en souffrant pas, je précise que je suis l'inventeur du plus grand nombre. La plupart ont été présentés dans *les Contes du miroir,* à l'École des loisirs. Quand ces jeux ont une parenté avec des jeux anciens, je la signalerai.

En classe

Commençons par un jeu facile. Un groupe d'enfants limité, cinq ou six, est invité à inventer une histoire oralement à raison d'une phrase par élève. Chacun parle à tour de rôle, et le premier continue après le cinquième ou sixième pour un second tour, et autant de tours nécessaires pour finir l'histoire.
On peut chronométrer les joueurs, et éliminer celui qui ne trouve pas une suite dans les dix secondes. Le jeu se poursuit alors avec les rescapés, jusqu'à ce qu'il ne reste qu'un vainqueur.

Variante : Raconter de la même manière une histoire connue. Une phrase par enfant, chaque intervention matérialisant ainsi l'entité phrase. Lorsqu'on passera à l'écrit, tout le monde aura repéré les changements de phrases. Je fais régulièrement travailler à l'écart six ou sept enfants ; chacun fait sa phrase dans le groupe, qui me donne ensuite la totalité au magnétophone. Puis nous discutons l'enregistrement.

On pourra encore demander aux enfants de raconter une histoire connue à rebours, de la fin vers le début. La forme dialoguée (interrogatoire) facilite le travail, l'enfant interrogé devant répondre par ce qui s'est passé **juste** avant. Débouché théâtral évident.

Conte à rebours

*— **Pourquoi** le roi s'est-il marié ?*
*— **Parce qu'**il était fiancé.*
*— **Pourquoi** s'était-il fiancé ?*
*— **Parce que** femme il avait trouvé (...)*

P. Gripari

Un peu plus grammatical :
Demander à un groupe de quatre enfants, oralement ou par écrit, de raconter une histoire à raison d'une phrase chacun, mais de telle sorte que le premier fasse une phrase déclarative positive, le second une phrase négative, le troisième une phrase interrogative, le quatrième une phrase exclamative ou interro-négative, ou une phrase à l'impératif :

Mon père vient d'acheter une voiture neuve.
Ce n'est pas une Mercedes.
Est-ce que c'est une Ferrari ?
Malheureusement non !
C'est une voiture japonaise, une Toyota.
Ce n'est pas une mauvaise voiture.
Est-elle confortable ?
Un vrai tapecul !
Elle est bleue et je la trouve jolie (...)

CM, région parisienne

Un enchaînement intéressant consiste à écrire au tableau un certain nombre de conjonctions, et à laisser les élèves les utiliser à leur guise et sans ordre à raison d'une par phrase. De la même manière, on mettra une bonne quantité d'adverbes au tableau, à la disposition des enfants. Ces travaux peuvent être collectifs.

Autre jeu facile : à partir d'une page de BD, demander une phrase ou deux par image aux enfants, quitte à laisser les bulles dans des dialogues intercalaires. Exemple pris dans *Spirou* :

Un homme marche dans le désert. Il a soif.
BULLE : *Je vais crever! Je vais crever!*
Il n'en peut plus, il est à bout de forces.
BULLE : *C'est la fin! Quelle idée aussi de vouloir faire à tout prix ce « Gamelle Trophy » !*
Soudain, il aperçoit une baraque. C'est un bar.
BULLE : *Haaa! Bon sang! Pourvu que ce ne soit pas un mirage! (...)*

CM2, Paris

Voici maintenant des enchaînements plus difficiles, pour la réussite desquels il faudra noter les phrases au tableau, en plus du magnétophone, afin que les enfants les aient sous les yeux.
Ces exercices exigeront en outre une participation écrite sur brouillons des enfants, parce qu'il faut nécessairement anticiper pour progresser.

• Le premier
Si le dernier mot de la phrase précédente comporte un nombre pair de lettres, le premier de la phrase suivante devra en comporter un nombre impair :

Il faisait nuit noire. Un homme se glissait sans bruit le long du mur de la
5 2
maison. Les gens dormaient dans cette maison. Ils ne se méfiaient pas. Le
6 3 6 3 3 2
voleur se glissa dans la cave par le soupirail. Il ne faisait pas de bruit. Il...
9 2 5 2

6e, région Lyon

• Le second
Si le dernier mot comporte un nombre pair de lettres, le premier de la phrase suivante en comportera également un nombre pair :

Mes parents regardent la télévision tous les soirs. Ils regardent les films. Ils
5 3 5 3
aiment bien aussi les variétés et les informations. Mais ce que mon père pré-
12 4
fère, c'est les matches de foot. Il parle tout seul. Il engueule l'arbitre. C'est
4 2 4 2 7 1
très rigolo. Ma mère...
6 2

5e, Nord

• Le troisième
Exiger que le dernier mot de la phrase précédente et le premier de la suivante aient rigoureusement le même nombre de lettres! Bravo à deux élèves d'une classe de 6e de Reims :

J'aime bien me promener dans les bois. Mais il faut faire attention aux
4 4
vipères. Souvent elles se cachent sous les fougères. Personne ne les voit.
7 7 8 8 4
Donc, il faut être prudent et rester sur le chemin.
4 6

• Le quatrième
Si la phrase précédente offre un nombre de mots **pair**, la phrase suivante offrira un nombre de mots **impair**.

Variante : toutes les phrases du texte auront un nombre **pair** de mots, ou un nombre **impair**, ou encore le même nombre de mots par phrase.
On peut également s'amuser à tirer le nombre de mots de la phrase à écrire dans un chapeau ou aux dés. Les exemples suivants sont respectivement l'œuvre :
— des convives d'un Salon du livre dont je ne dévoilerai pas l'identité (nombres de mots tirés : 7-4-8-6-3-10-2-5-9-1) :

***V**ivent les repas des salons du livre!*
***O**n mange comme quatre! On attend les plats durant de longues heures. On parle boutique avec les confrères. C'est ennuyeux. Par compensation, on s'amuse beaucoup aux dépens des absents. Tu parles! On se couche si tard! (C'est un euphémisme car on se couche tôt.) Misère!*

— d'un groupe d'enfants (par deux) d'un CM parisien sur les nombres de mots suivants : 9-6-7-8-10.

Je m'appelle Julie et j'ai deux nattes. Je suis horrible, c'est connu. Je me fâche quand on le dit. Je vis à Paris dans une grande maison. Mais malgré tout, j'ai beaucoup d'amis, à bientôt!

Un dialogue :

— ***T**u es folle de gribouiller sur ton joli cahier!*
— ***J**e fais ce que je veux!*
— ***L**a maîtresse va te gronder très fort.*
— ***M**oi je m'en fiche et tant pis.*
— ***T**u es bête, déchire cette page trop sale du cahier!*

Voici donc : répartir les mots d'une phrase simple dans un texte, de manière à les faire apparaître à intervalles réguliers.
Exemple : *Le petit chat est blanc.*
Les mots apparaîtront tous les cinq mots du texte porteur :

***Le** matin, je prends un **petit** déjeuner tandis que mon **chat** me regarde. Le pain **est** frais, croustillant et bien **blanc**.*

CM2, Paris

On peut s'envoyer ainsi des messages chiffrés! Essayez. C'est encore plus drôle lorsque le destinataire ne comprend pas ce qu'on lui envoie! Un mot tous les six :

*Je ne sais pas si **vous** rêvez de voyager, si vous **êtes** comme moi toujours à imaginer **une** croisière en mer. Je suis **pauvre**, malheureusement. Je mange de l'**andouille** tous les jours. C'est **stupide** mais quand on n'a **que*** *quelques francs pour vivre, hélas... **Je** suis un miséreux qu'on **méprise**. Remarquez, je m'en fiche **totalement**.*

Atelier mixte enfants-adultes

L'enchaînement phonétique a un embryon d'histoire. Son ancêtre est le vers à écho :

*— **Q**ui est l'auteur de ces mots avenus?*
*— **V**énus!*
*— **Q**u'étais-je avant d'entrer dans ce passage?*
*— **S**age! (...)*

Du Bellay

***D**aigne protéger notre chasse*
***Ch**âsse*
***D**e Monseigneur saint Godefroi,*
***R**oi (...)*

Victor Hugo

Autre forme, l'anadiplose, répétition de la syllabe finale :

***D**ieu gard ma maistresse et régente*
***G**ente de corps et de façon;*
***S**on cueur tient le mien en sa tente*
***T**ant et plus d'un ardent frisson (...)*

Marot

C'est cette dernière forme que j'ai transposée en prose. Pour ce faire, il suffit que la dernière syllabe du dernier mot de la phrase s'entende comme la première du premier mot de la phrase suivante. On pourra utilement faire précéder ce jeu d'un exercice de « J'en ai marre-marabout-bout de ficelle,... »

***L**a cigale avait perdu son **temps**. **Tan**dis que d'autres animaux faisaient des provisions, elle s'amusait à chan**ter**.*
*« **Tai**sez-vous un peu! lui disait la four**mi**.*
*— **Mi**gnonne, je fais ce qui me plaît », répondait la cigale et elle reprenait sa chan**son**. **Son** bonheur ne dura pas hé**las**. (...)*

6e, Bordeaux

Ce jeu peut être dialogué. On établira alors l'anadiplose, soit phrase par phrase, soit réplique par réplique :

*Il était une fois une famille de ptérodactyles qui ne savaient pas vo**ler. Les** corbeaux se moquaient **d'eux. Deux** pigeons essayaient de les ai**der**.*
*« **Dé**marrez donc! disaient les pigeons, sinon vous n'apprendrez ja**mais!** »*
***Mais** chaque fois que les ptérodactyles essayaient, ils tomb**aie**nt.*
*« **Bê**tas! » s'exclamaient les cor**beaux**. (...)* CE1

*Depuis une semaine, j'étais malade et fati**guée**. « **Gué**rir! je veux guérir », pleurais-je douce**ment. M'en** voudrais-je d'être sortie sans mon cache-**nez? Né**ron, mon chien, heureusement était **là**. (...)*
Une élève de 4ᵉ, La Madeleine

*Ce matin, j'ai trouvé un bel animal et je l'ai cares**sé. C'est** un animal au pelage argen**té. Thé**rèse voulait le man**ger. J'ai** dit : « Non, pas question, je veux l'apprivoiser. »* Groupe mixte, Moulin

J'ai gardé le plus dur pour la fin : la dernière lettre du dernier mot de la phrase doit être la même que la première lettre du premier mot de la phrase suivante. Ce jeu oblige l'élève à remanier ses constructions pour progresser.

On peut faciliter la tâche au début en imposant seulement que la première lettre du premier mot suivant soit une voyelle si la dernière lettre du mot précédent était une consonne, ou l'inverse, ou voyelle-voyelle/consonne-consonne :

— *M'aimes-t**u** ?*
— ***M**alheureusement pour moi, ou**i** !*
— ***P**ourquoi dis-tu ç**a** ?*
— ***P**arce que tu n'es pas gentille avec mo**i**.*
— ***T**u ne devrais pas (...)*

Le second enchaînement : même lettre :

— *As-tu apporté tes bille**s** ?*
— ***S**ans doute. **E**lles doivent être dans mon sa**c**.*
— ***C**omme tu les as, commençons la parti**e**.*

***Et** je gagnerai sûrement !*
*— **Tu** peux bien attendre cinq minutes, **non** !*
*— **N**ous n'avons plus que dix minutes avant d'entrer en classe.*
***Et** ils commencèrent la partie de billes.*

Amiens

Bravo ! Je vous donne en prime un dernier jeu, fort différent : raconter une histoire en faisant alterner les verbes dans l'ordre premier groupe, deuxième groupe, troisième groupe sans employer « être » ni « avoir ».

*Maman **rangeait** la chambre quand un chat noir **bondit** par la fenêtre.*
1 2
*Il **vint** s'**allonger** sur le lit. Ma mère **pâlit** à la vue du chat noir.*
3 1 2
*Elle **s'enfuit** à toutes jambes. Le chat noir lui **parla** (...)*
3 1 2

CM, Paris

5

LES CONSTRUCTIONS (I)

Sous le titre « Jeux de construction », je regrouperai des jeux portant sur l'ensemble du texte en cours d'élaboration. Comme ils sont variés, je présenterai l'historique et l'exploitation scolaire jeu par jeu.

Jeux portant sur la lettre

Le lipogramme

Jeu de la lettre interdite, il s'agit d'écrire en s'interdisant l'usage d'une lettre désignée et des mots qui la contiennent.
Selon Perec, un spécialiste, le plus vieux lipogrammatiste serait Lasos d'Hermione, VIe siècle av. J.-C.
Pindare en aurait produit. Nestor de Laranda, IIIe siècle après J.-C., récrivit l'*Iliade* sans alpha dans le premier chant, bêta dans le second, etc. Mais le premier lipogramme attesté est de Gordien Fulgence, un grammairien latin du VIe siècle, qui écrivit un traité dont on a conservé les quatorze premiers chapitres, un sans **a**, un sans **b**, etc. Au XIe siècle, Pierre de Riga traduisit la Bible avec des résumés lipogrammatiques. Un ami de Coligny, Salomon Certon, publia soixante-six sonnets en 1620, tandis que Alonso de Alcala publiait

en 1641 à Lisbonne un recueil de contes sans **a**, sans **e**, sans **i**, etc. Le jeu se développa dans plusieurs pays, dont l'Allemagne — en 1813, F. Rittler écrivit un roman de 198 pages, *les jumeaux*. Au XIXe siècle, Peignot publie un certain nombre de lipogrammes dans ses *Amusements philologiques*, Arago donne un résumé de voyage sans **a**, Ronden fait jouer une *Pièce sans A*. Mais c'est au XXe siècle que le jeu trouve ses plus fervents défenseurs : V. Wright publie en 1939 une histoire de 50 000 mots sans **e**. Queneau écrit des exercices, et Perec surtout publie *la Disparition* (1969).

A*u son d'un ocarina qui jouait* l'Or du Rhin, *Ali Baba, un pacha nain plus lourd qu'un ours, un gros patapouf, baffrait riz, pois, macaroni gisant dans un jus suri, un jus qui aurait (...)*

Queneau

Ç*a arriva un trois mai. « Agitation au Boul'Mich » titra un journal du soir. Sur l'injonction d'un mandarin pas malin, un adjudant lança son bataillon à l'assaut d'un tas d'anars, cocos ou J.C.R. qui, à bon droit, voulait un pardon total pour cinq copains foutus au trou. Un gros caillou pris dans une cour vola sur (...)*

Perec

S*i l'on admet que les 40 millions de Français n'écrivent chacun que 10 E muets par jour, et qu'il faille une seconde pour écrire ou composer chaque lettre inutile, ce sont 400 millions de secondes perdues quotidiennement, soit plus de 6 millions de minutes, soit 100 000 heures. En calculant l'heure de travail à 50 c, c'est exactement comme si la France perdait chaque année 18 millions de francs !*

Alphonse Allais

Sans oublier, pour les malins, le mot croisé lipogrammatique :

C	O	L	I	N	T	A	M	P	O	N
A	L	U	M	I	N	I	U	M	■	A
N	I	N	I	■	P	L	I	■	P	U
A	F	■	T	P	■	■	D	A	I	M
S	A	P	A	J	O	U	■	N	■	A
T	N	T	■	■	■	B	U	T	I	N
A	T	T	R	I	B	U	T	I	O	N

Michel Laclos

En classe

Commençons par chercher des mots ne contenant pas telle ou telle lettre, et réclamons des phrases. Ordre de fréquence des lettres de la langue française : **e s a r t i n u l o**.

Un garçon idiot dormait alors qu'il faisait jour. (sans **e**)
Dans le marécage maudit, il y a des bêtes bizarres. (...) (sans **o**)

CE1, Nord

Des dialogues sans e :

Yann, un gros chat dodu, voulut saisir Sandra la souris.
Un jour, ayant tout appris par un coq, la souris lui dit :
— Pourquoi fais-tu ça ?
— Pour t'avoir à moi, pardi !
— Tu m'auras pas, na ! (Admirons la forme négative.) (...)

CM2, Chartres

Un Chinois dit à un Anglais :
— Quoi toi avoir là ?
— Moi avoir stylo noir. Ça fait gros travail.
— Quoi ça fait-il ?
— Il fait traits droits sur carton plat.
— A quoi ça bon ? (...)
L'Anglais offrit un stylo au Chinois qui partit aussitôt.
— Holà, Toi dis quoi ? cria l'Anglais furax.
— Moi dis salut ! dit son ami chinois qui courait au loin.

5e, région Charleville

C'est là le problème ! L'écrit ne peut pas aller où l'on veut le conduire spontanément. Il faut donc chercher d'autres voies, revenir en arrière, découvrir des équivalences, recourir à des tournures délaissées, ou repartir dans une direction nouvelle.

Voici un jeu proche du lipogramme. Pour y jouer, choisir un titre. N'utiliser pour l'histoire que les lettres figurant dans ce titre.

Avec une classe de 5e, voici *la Chèvre de monsieur Seguin,* lettres du titre : **a e i o u / c d g h l m n r s v :**

La chèvre s'ennuie dans la maison de Monsieur Seguin. Elle aime la vie au grand air. Un midi, elle se sauve. Elle va dans les collines élevées. Elle se balade. Elle mange les douces clochettes de muguet. Elle danse, heureuse. (...)

Bien entendu, on pourrait demander aux enfants de changer de lettre interdite à chaque phrase pour écrire une histoire, par exemple, sans **a**, sans **e**, sans **i**, sans **o**, sans **u**, et recommencer.

L'hiver, il neige. Dix, vingt flocons sont dans l'air, on dirait un million d'animaux fondants. Dans les rues, les enfants s'amusent à se lancer des boules. D'autres préparent un personnage de neige avec un chapeau amusant. J'aime l'hiver même s'il fait froid.

CM1, banlieue parisienne

On aurait encore pu demander une histoire en s'interdisant les lettres qui figurent dans le titre, une à une. De la sorte, la longueur de l'histoire serait limitée à ce nombre de lettres.
Exemple : *Cendrillon* par une classe de 6e de Nancy (lettres interdites : **c e n d r i l l o n)** :

(c) *Une jeune fille malheureuse vivait chez sa belle-mère avec ses sœurs.* **(e)** *Son papa n'avait jamais vu qu'on la maltraitait.* **(n)** *Elle pleurait parce qu'elle voulait aller au bal.* **(d)** *Sa marraine la fée lui fabriqua (...)* ***(n)*** *Alors il l'épousa.*

Le pangramme

C'est le contraire du lipogramme. Il s'agit d'écrire en utilisant obligatoirement une lettre dans tous les mots. Toutes les dactylos débutantes ont tapé cette phrase qui renferme les vingt-six lettres de l'alphabet :

Portez ce vieux whisky au juge blond qui fume.

Mais le tour de force est venu de Perec, qui écrivit un texte (1972) en s'imposant la lettre **e** comme voyelle exclusive dans chaque mot. Évidemment, il y a quelques licences, que le titre *les Revenentes* reconnaît volontiers :

Hélène est chez elle. Je prends le
verre de Schweppes qu'elle me tend
et me trempe les lèvres.
Je desserre mes vêtements
et m'évente.
— Quel temps !
— Trente-sept degrés !
— C'est l'été.
Hélène me tend des kleenex. (...)

En classe

Le pangramme classique amène les enfants à s'aventurer sur des chemins tordus, au vocabulaire recherché. L'exercice est ici plus simple : on se contente d'un **a** par mot, sans souci des autres voyelles. Voici, par un élève de CM2 :

Papa ira acheter la viande à la grande surface samedi matin car maman restera à la maison avec ma tante.

Autre jeu, par une classe de 6e de Villeurbanne, une lettre imposée par phrase (ordre des lettres tiré au sort : **i o e u a**) :

(i) *Tintin avait fait pisser Milou hier soir.* **(o)** *Son toutou pourtant aboyait pour sortir.* **(a)** *Le capitaine, furieux, était en colère.*
(u) *Hum ! Plus tu gueules plus tu nous ennuies, Milou !*
(a) *Mais Haddock (...)*

Suggestion : Donner aux enfants l'autorisation de ne pas respecter la règle de la lettre imposée sur les petits mots, mais seulement sur les substantifs, verbes, adverbes et adjectifs qualificatifs. L'imagination ainsi ne se trouvera pas rebutée.
Un CM1 (ordre des lettres : **e u o a i**) :

(e) *Les joueurs de tennis entrent* ***sur*** *le terrain.*
(u) *Celui* ***de*** *gauche joue mieux que* ***l'****autre.*
(o) *Oh!* ***il*** *envoie* ***un*** *boulet* ***de*** *canon au fond* ***du*** *court!*
(a) ***Son*** *adversaire essaie* ***d'****attraper la balle avec sa raquette.*
(i) *Il bondit mais il* ***n'****arrive* ***pas à la*** *joindre...*

Le tautogramme

Cette fois, la lettre imposée doit figurer en tête de tous les mots de la phrase ou du texte.
Les premiers du genre furent rédigés en latin. Au XVIe siècle, C. Pierus, un Allemand, composa un poème de 1 200 vers sur Jésus-Christ, tous les mots débutaient par la lettre **C**. Il en pondit un autre sur Maximilien avec la lettre **M**.

Ciel ! C'est Clément Contre Chagrin Cloué,
Et Est Estienne Esveillé Enjoué.

Marot

Sur François Ier, le poème est en outre acrostiche :

François faisant florir France
Royalement régnera,
Amour aimable aura, (...)
Sur ses sujets sans souffrances.

Tabourot

Faulce fortune, fragile, fantastique,
Folle, fumeuse, folliant, follatique,
Favorisant follastres follement,

Jean Bouchet

...**C**'est pas f...ameux!

Plus comique :

Surveille mieux fiston,
Ton thon, ton Taine et ton ton.

Allais

Procurateur parodique,
poseur,
phraseur,
poule mouillée...

Leiris

En classe

J'ai assoupli la formule en n'exigeant la lettre répétitive qu'en début de vers s'il s'agit de poésie, qu'en début de phrase s'il s'agit de prose, qu'en début de réplique s'il s'agit de dialogue.

Mettez-vous en rang par deux!
Marchez sans bavarder.
Montez l'escalier.
Musclez-vous!
Maigrissez un peu!
Manquez pas la marche, maladroits! (...)

CM2, Martigues

« Prête-moi ton stylo, Sylvie, le mien fuit.
— Pas question. Débrouille-toi.
— Puisque c'est comme ça, je ne jouerai pas à l'élastique avec toi à la récréation.
— Parce que tu crois que ça m'embête? (...)

CM2, banlieue de Lille

Un tautogramme :

Ce collégien connaît cinq cancres : Caroline, Cédric, Claude, Corinne, Christine. Ceux-ci comptent comme ci comme ça. Ces cinq chenapans copieront cinq cents chiffres. Cela calmera ces cornichons c'est certain!

Un élève de CM2

Un conseil : faites dresser aux enfants des listes de mots utilisables, noms-verbes-adverbes-adjectifs qualificatifs commençant par la lettre demandée. Ils piocheront ensuite dans ce fonds commun d'où surgira d'ailleurs le sujet du tautogramme. Cette façon de procéder combine ainsi tautogramme et logorallye.

Jeux portant sur le nombre de lettres

Et d'abord un jeu sans histoire. Il consiste à écrire en comptant les lettres des mots.

Pair-impair, par phrases

Alterner des phrases contenant l'une des mots d'un nombre pair de lettres, la suivante des phrases à mots d'un nombre impair :

Le dragon espérait manger la fillette.
2 6 8 6 2 8
Cette malheureuse était ligotée à l'arbre.
5 11 5 7 1 1 5
Mais un prince arriva en criant...
4 2 6 6 2 6

CM, Paris

Ce jeu, relativement aisé en travail collectif, oblige à pousser de nombreuses antennes pour progresser.

Pair-impair, par mots

Il s'agit de faire alterner mots pairs et mots impairs à l'intérieur même de la phrase. On demandera aux élèves de produire des phrases sans liens entre elles :

Mon père travaille tous les matins à la poste.
3 4 9 4 3 6 1 2 5

Enchaîner des phrases est plus délicat :

Ma sœur et son copain s'embrassent. Ils vont bientôt se fiancer.
2 5 2 3 6 1 10 3 4 7 2 7
Mais ils se marieront au printemps et ils habiteront pas dans notre cité.
4 3 2 9 2 9 2 3 10 3 4 5 4
Ils se cherchent un appartement.
3 2 9 2 11

CM2

Réussite, mais il a fallu accepter une forme négative incomplète pour ne pas décourager les enfants qui avaient élaboré ce texte à partir de la proposition d'une camarade. « Se cherchent » a été accepté pour le même motif...

Une lettre de plus

Ce jeu-là est connu : Il s'agit d'écrire une phrase en augmentant chaque nouveau mot d'une lettre :

A
L*a*
M*er*
N*ous*
A*vons*
T*rempé*
C*rûment*
Q*uelques*
G*entilles*
A*llemandes*
S*tupidement*
B*ouleversées.*

Jacques Bens

Un produit d'enfant de CM :

J'
ai
été
voir
trois
belles
lionnes
sauvages,
hautaines,
royalement
souveraines,
majestueuses
indépendantes.

Et par un CE 2 :

A
L*a*
F*in*
V*ous*
S*erez*
M*angés*
V*ilains*
É*coliers*
P*aresseux.*

Tel quel, ce jeu n'est pas très riche.
On peut lui donner de l'intérêt en faisant la première phrase par exemple à partir de dix lettres, ou quinze, et en demandant des phrases augmentées d'une lettre ensuite à chaque fois. On peut encore réclamer des phrases comportant toutes le même nombre de lettres.

Demain, nous irons à la mer.	*21 lettres*	
Je nagerai dans les vagues.	*22*	
Je ferai un château de sable.	*23*	
J'espère qu'il fera beau temps (...)	*24...30*	CM2, Amiens

1 + 2 = 3

J'ai inventé ce jeu difficile ; il n'a pas encore d'histoire. Il s'agit d'enchaîner les mots de telle sorte que le nombre de lettres du troisième soit toujours égal au total des lettres des deux mots précédents. Exemple de moi donc, extrait des *Contes du miroir :*

Un diable accourut un jour devant un jeune fermier. Ce fermier
2 + 6 = 8 / 2 + 4 = 6 / 2 + 5 = 7 / etc.
cultivait un pré herbu près du hameau. Le méchant diablotin hurlait et grimaçait :
— Tu es dans mon pré, paysan !
Et quarante diablotins derrière lui mugissaient (...)

Voici une phrase proposée par des adolescents allemands :

Un certain Gutenberg vivait à Mayence.
2 + 7 = 9 / 6 + 1 = 7

Des élèves de 6e facétieux m'ont proposé celle-ci :

Monsieur le professeur, je vous envoie un court message.
8 + 2 = 10 / 2 + 4 = 6 / 2 + 5 = 7

Par un groupe mixte, d'enfants du CE à la 5e de la banlieue de Saint-Étienne, (travail collectif, magnétophone et tableau) :

Un gentil écureuil sur un chêne mange une noisette.
2 + 6 = 8/ 3 + 2 = 5/ 5 + 3 = 8
Sa queue touffue fait son panache. Ses yeux luisent. Ses dents cassent la petite coquille. Le gentil animal mange l'amande. Le mignon écureuil se déplace agilement tout au sommet de son chêne. Il va dans son nid abrité. Il est caché. Nous aimons tendrement ce petit rongeur.

Le jeu 1 + 2 = 3 peut se jouer en comptant les mots plutôt que les lettres, par phrases plutôt que par mots. Exemple :

Le panier est sur la table (six mots). *Il est plein de revues* (cinq mots). *Les malades les lisent patiemment en attendant que le médecin arrive* (onze mots). *6 + 5 = 11.*

Par des adultes enfin, cette phrase plus difficile à base de soustractions :

Monsieur le préfet, pourriez-vous dire combien d'hommes
8 - 2 = 6/ 8 - 4 = 4/ 7 - 1 = 6/
profitent de crédits distribués en cachette ?
9 - 2 = 7/ 10 - 2 = 8

On simplifiera le jeu en convenant par exemple d'un nombre moyen de signes, soit cinq lettres, et en demandant qu'un mot considéré comme long, plus de cinq lettres, succède toujours à un mot considéré court : moins de cinq lettres.

Les éléphants sont puissants et magnifiques. Ils peuvent en poussant des épaules faire basculer un baobab. Mais malheureusement, des braconniers les massacrent pour récupérer leurs défenses en ivoire. (...)

CM

Jeux sur la syllabe

L'écriture monosyllabique n'est pas nouvelle.
Par exemple Racine, dans *Phèdre* :

Le jour n'est pas plus pur que le fond de mon cœur.

Avant lui, Rabelais s'en amusait déjà. Ainsi, Panurge, demandant au Fredon comment sont les femmes de son pays :

PANURGE : *Je suppose qu'elles n'ont pas toutes le même âge, mais quel corsage ont-elles ?*
LE FREDON : *Droit.*
PANURGE : *Quel teint ?*
LE FREDON : *Lis.*
PANURGE : *Les cheveux ?*
LE FREDON : *Blonds.*
PANURGE : *Quels yeux ? (...)*

Sollicitons le XVIIIe siècle :

Fort
Belle
Elle
Dort.

Sort
Frêle
Quelle
Mort.

Rose
Close,
La

Brise
L'a
Prise.

Paul de Rességuier

Au XIXe siècle :

Cocher ivre
Pouacre
Boit :
Nacre
Voit :

Acre
Loi
Fiacre
Choit !

Femme
Tombe,
Lombe

Saigne :
Geigne.
Clame !

Rimbaud

Nul bruit, nul cri, nul choc dans les grands prés de soie
Où tout rit et sent bon sous le ciel bleu du soir (...)

Jules de Martold

En classe

On commencera par chercher des mots d'une syllabe en acceptant ceux qui se terminent par **e** muet s'il s'agit ensuite de composer un poème, mais en les refusant si l'on projette d'écrire de la prose. Les enfants produiront des phrases à partir des mots relevés.

Le fils du roi ne fait rien du tout. Il ne va pas dans la cour, ni dans les champs, ni dans les bois. Il ne sort pas. Il dit qu'il n'a pas le temps. Il dort tous les jours sur son lit. Il est gros et mou. C'est un bon à rien.

CE1-2, texte collectif

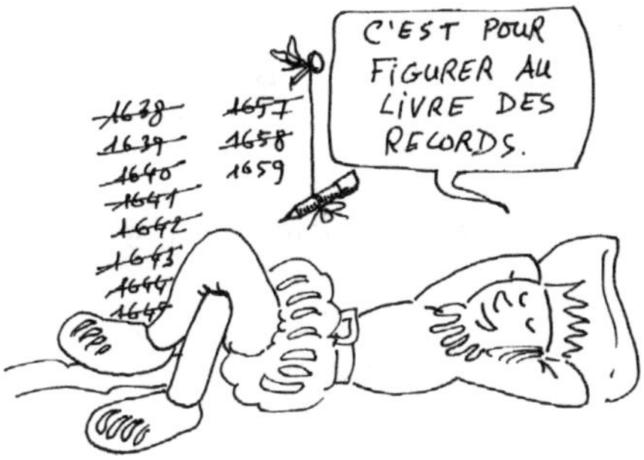

• Je suggère d'enrichir le jeu par la recherche de mots de deux syllabes, de manière à écrire ensuite en alternant mots d'une syllabe et mots de deux. On pourra aussi accepter l'alternance plus facile mot d'une syllabe/mot de plusieurs :

Papa a placé le sapin de Noël à côté du fauteuil. J'ai décoré ses branches. J'ai posé des bougies, des guirlandes, des étoiles, un ange au sommet. J'ai allumé les bougies et papa a éteint (...)

Insultes : les gros mots sont interdits :

— « *Fou !*
— *Idiot ! Tu ressembles à Donald !*
— *Sot ! Fainéant ! Gros mollasson ! (...)*

Deux équipes de CE2

On demandera aussi de ne faire porter le jeu que sur les verbes avec alternance une syllabe/deux syllabes :

*Le matin je **bois** mon café au lait. Je **croque** une tartine. Je **prends** mon cartable. Maman me **chante** une chanson. Je **mets** mon K-way. Maman me **donne** un bisou. Je **fais** pipi avant de **partir**. (...)*

Compliquons en réclamant des mots de une, deux, trois syllabes, dans cet ordre.

Tu manges proprement. (...)
Tu pleures bêtement quand papa rouspète !
Tu trottes lourdement quand Monsieur Gardinet te tire l'oreille !

Un petit korrigan a sauté lestement sur une branchette. Sa belle tunique est rouge, splendide. Le petit korrigan est gourmand. Prévoyant, il cueille quarante noix, trente noisettes, pour manger dimanche. (...)

CM2

• Dernier jeu : une syllabe de plus ou de moins :

Zut !
Il pleut !
Sale temps !
Je suis trempé !
Un vrai temps de chien !
Je n'aime pas la pluie.
Je préfère le soleil.
J'ai oublié mon parapluie.
J'aurais mieux fait de rester chez moi.
La météo annonçait du beau temps.
On ne peut pas lui faire confiance.
Le ciel est noir, il pleut à verse.
La rue se transforme en ruisseau.
Mes chaussures sont trempées.
Je prends un bain de pieds.
Quel temps lamentable !
A bas l'automne !
J'éternue.
Atchoum !
Zut !

CM2

6

LES CONSTRUCTIONS (II)

Un peu d'histoire

Une fois n'est pas coutume : allons au restaurant
nous payer du caviar et des p'tits ortolans
Consultons le journal à la rubrique esbrouffe
révélant le bon coin où pour pas cher on bouffe...

Raymond Queneau, *le Repas ridicule*

On l'aura compris à la lueur de cette citation, ces jeux de construction concerneront plutôt les niveaux de langage, la syntaxe...

Le jeu de « chers ennemis »

Parfois appelé « amphigouri », il consiste à juxtaposer des antithèses, à unir des mots contradictoires :

Cette obscure clarté qui tombe des étoiles. Corneille

Le soleil noir de la mélancolie. Nerval

La liberté c'est l'esclavage. Orwell

Le compas traçait des carrés et des triangles à cinq côtés.
Après cela il descendit au grenier.

Les étoiles de midi resplendissaient.
Le chasseur revenait carnassière pleine de poissons sur la rive au milieu de la Seine...

Desnos

Ce jeu, tous les enfants l'ont pratiqué à l'école. Une très ancienne comptine ne déclare-t-elle pas ?

Un jour, c'était la nuit, j'ai rencontré des nègres blancs en train de manger des morts-vivants.

En classe

Les enfants rechercheront d'abord des adjectifs contradictoires, des noms, des adverbes, des verbes, des tournures de phrases, avant de les rapprocher dans des phrases :

Un gentil garçon méchant qui était une fille marchait tristement arrêté.

CE1

Une mendiante très riche allait chez un bon docteur incapable parce qu'elle était en pleine forme, acheter un kilo de fruits mûrs encore verts.

CM

Un jour, il faisait nuit noire comme la neige. Je marchais en courant.
Soudain j'aperçus dans la rue un homme invisible qui me dit sans bouger les lèvres :
« Va t'en en restant là ! »
Alors je rentrai chez moi. Je regardai la télé éteinte. Puis je me couchai assise pour lire mon livre fermé.

Une élève de CM2, Lucé

Montrer aux enfants que l'effet de contradiction peut provenir d'une tournure de phrase ou peut être le fruit d'une absurdité :

Une vieille dame jeune achetait gratuitement des pains au chocolat à la poissonnerie.

CM

Un jour il faisait nuit. La sorcière de la rue Cobra qui habitait boulevard Saint-Michel partit pour un village sans maisons; elle traversa des forêts sans arbres, des prairies sans herbes, des collines très hautes et très pointues, pour parvenir enfin à une grotte où elle s'assit sur une pierre en bois et lut son journal plié en six dans sa poche. Elle décida (...)

Une élève de 6e, Paris

On observera que la juxtaposition de contradictions ne nuit pas à la progression d'un récit et que le jeu des chers ennemis se rapproche d'un jeu d'humour qui consiste à réconcilier faussement les antonymes sans opposition de sens :

Que ma belle-fille est laide! Et que ses petits-enfants sont grands!

Les jeux de cénisme

On appelle cénisme un mélange de dialectes dans un même texte. Queneau a souvent souligné la disruption causée par l'immixtion d'un niveau de langage dans un autre. Ionesco, de son côté, n'a-t-il pas révélé l'influence de la méthode *Assimil* sur la rédaction de *la Cantatrice chauve*, et Etiemble alerté les Français sur le recours abusif au franglais?

L'était un peu plus d'midi quand j'ai pu monter dans l'esse. J'monte donc, j'paye ma place comme de bien entendu et voilàtipas qu'alors j'remarque un zozo l'air pied, avec (...)

Queneau, *Exercices de style.* Vulgaire

Longtemps je me suis couché de bonne heure Proust

devient :

Durant de nombreuses années, mézigue s'est mis au lit entre chien et loup.

Perec

Comme disait à peu près Verlaine, homosémantisme aidant :

Côté franglais, lisez ce texte :

Ce week-end, à l'heure du lunch,
Je revenais de faire du shopping
au drugstore. Avec les problèmes
de parking, j'avais préféré (...)

B. Demers, *Nouveaux exercices de style*

Je propose donc aux enfants d'écrire en introduisant soit :
— au moins un mot de franglais par phrase,
— au moins un mot d'argot, ou vulgaire, par phrase,
— au moins un mot d'origine étrangère passé dans le français courant par phrase,
— au moins un mot de patois local par phrase, quand les enfants le connaissent,
— au moins un mot de verlan par phrase.

Commençons par le verlan. Principe : dire les syllabes d'un mot dans l'ordre inverse d'écriture. Exemple : **l'envers** devient **verlan**. On pourra s'amuser à trafiquer d'abord un texte connu — mais on devra le lire sans bredouiller ensuite. Voici le début de *la Colombe et la Fourmi* à raison d'un mot de verlan par vers :

Le long d'un clair ***seaurui*** *buvait une Colombe.*
Quand sur l'eau se ***chanpan*** *une Fourmi y tombe;*
Et dans cet ***ancéo*** *l'on eût vu la Fourmi*
S'efforcer, mais en vain, de ***gnégareu*** *la rive.*
La Colombe aussitôt usa de ***téricha****...*

Il faut faire un choix de manière à conserver le rythme. L'orthographe des mots trafiqués peut être simplifiée.

Plus riche : demander aux enfants d'écrire eux-mêmes un texte en casant un mot de verlan par phrase, ou par vers. Qu'ils s'entraînent à trafiquer des mots de trois syllabes.

*Un matin, les billets se sont mis à pousser sur les **gné-té-cha** de la cour de l'école. Aussitôt, les élèves essayèrent de les **ré-pé-cu-ré**. Ils grimpèrent aux troncs avec un **bo-ca-esse**. Ils voulaient tous grimper dans les branches, mais il n'y avait pas de place pour tout le monde et c'était la **de-la-cu-bous**. Les professeurs accoururent (...)*

CM 2, Troyes

Du franglais :

*Hier je suis allé au **fast-food** avec mon frère. J'ai mangé un **hamburger** et un **cheese**. Mon frère a retrouvé des copains et une copine belle comme une **pin-up**. Elle est très gentille (...)*

Par des 6e et 5e, des lettres à leur directeur :

Salut Monsieur le proto,

Je vous écris pour vous dire que mon gouilla (mot de patois limousin pour « garçon ») *a séché le cours de biolo. Sa mère a claqué dans le garage. Je m'excuse et j'espère qu'il retournera bientôt au bahut parce que ça craint.*

Salut Monsieur le proto,

Mon gouilla a joué au con. Il a reçu une bonne dérouillée. Il ne viendra pas au bahut parce qu'il pisse le sang. Il a fait exploser le quartier, s'est farci la voisine et lui a tamponné le coquillard avec de la tarte aux fraises. Je suis désolé, ça m'emmerde qu'il cesse de bosser (...)

La règle pouvant être étendue à l'introduction de tous les langages, j'avais écrit, en utilisant des citations latines dans *le Métro mé**pas**tro* :

Je suis monté dans le métro pour la nième fois. Abusus non tollit usum. *Je me suis engagé sur l'escalator.* Alea jacta est. *J'ai foncé pour arriver le premier sur le quai.* Audaces fortuna juvat...

Un enfant de 4e, à Bordeaux, m'a immédiatement plagié ; facile, il suffit d'ouvrir le dictionnaire aux citations latines !

Monsieur Popaul va à la pêche le dimanche. Carpe diem. *Il s'assoit au bord de la rivière et lance sa ligne à l'eau.* De gustibus et coloribus non disputandum. *Il s'endort au soleil.* Sol lucet omnibus *(...)*

Mais je tiens à signaler qu'on pourra encore écrire un exercice semblable en usant de proverbes français et, pourquoi pas, de règles de grammaire !

J'ai du mal à me lever le matin mais mieux vaut tard que jamais. Je prends mon métro sans me presser, rien ne sert de courir il faut partir à point. Dans le métro, je ne parle à personne, je me méfie parce que l'habit ne fait pas le moine...

Yak Rivais, *Le Métro mépastro*

Avant de travailler tous ces exercices, on procurera aux enfants des listes de proverbes ou de citations latines ; on cherchera avec eux le plus de mots possible de franglais, d'argot, de mots d'origine étrangère, de sentences, etc. Le travail d'écriture se fera ensuite sur le principe de la pioche. A partir d'un poème de C. Roy fait de proverbes et d'expressions, voici le travail collectif d'une classe de 5e :

Façons de dire

Aller contre vents et marées.
Remuer ciel et terre.
Avoir le cœur sur la main.
Parler à cœur ouvert.
Faire sécher de la neige au four et la vendre pour du sel blanc. (...)
Être heureux comme un poisson dans l'eau...

C. Roy

Don Quichotte

Don Quichotte allait contre vents et marées. Il remuait ciel et terre pour combattre les chevaliers errants. Il avait le cœur sur la main. Il ne mentait jamais, il parlait à cœur ouvert et tout le monde se moquait de lui. Il n'essayait pas de tromper les gens, il ne faisait pas sécher de la neige au four pour la vendre comme du sel blanc. Il rêvait d'embrasser son amie à bouche que veux-tu. En fait, il l'aimait à cœur perdu. Il se battait contre les moulins à vent et prenait les vents au filet. Il avait un cœur d'or, et il se mettait en quatre pour défendre les malheureux contre les méchants. Il arrivait toujours comme mars en carême. Les autres s'enfuyaient à toutes jambes à sa vue parce qu'il ne faisait que des bêtises. Il était capable de faire danser les cathédrales et même les châteaux. Il était heureux comme un poisson dans l'eau quand il rencontrait un ennemi.

5e, Toulouse

Si l'occasion se présente, on pourra s'amuser à détourner les proverbes cités à la façon de Daumal ou de Harry Mathews.

Encore un peu d'histoire

Des jeux porteurs du même calibre, ceux qui autorisent et exigent un mot inventé par phrase. L'invention de mots est ancienne et n'a évidemment pas attendu ni Michaux ni les Schtroumpfs ! Ainsi :

Fourbissez votre ferraille
Quotinaille, quetinaille,
Quoquardaille, friandeaux,
Garsonaille, ribaudaille, (...)
Jean Molinet

Ci conjure Salatins le deable :
Bagahi laca bachahé
La mac cahi achabahé
Karrelyos (...)
Rutebeuf

Les auteurs modernes ont usé et abusé de néologismes et de mots inventés. De Céline *(le scrifouilleux)* à Vian *(le schmürz)* en passant par Audiberti *(le parpagnasse)*, on n'en finirait pas de citer, sans oublier les mots pour les autres de Tardieu, les poèmes d'Isidore Isou, ni l'orthographe délirante de Dubuffet :

Sek ekchoz dvoursa sivouplej vouzanpri mesie esku zémoua savak omsa setro pemab iapadcoua mezomaj avot fami (...)

Et pour rire :

Il faisait bon; l'air était saturé de senteurs parfumées où dominaient les odeurs poivre et sel des barbouziers nains et des gougnafiers moléculaires.

Pierre Dac

Mais à tout seigneur tout honneur :

Le grand combat

Il l'emparouille et l'endosque contre terre;
Il le rague et le roupète jusqu'à son drâle;
Il le pratèle et le libucque et lui baroufle les ouillais;
Il le tocarde et le marmine, (...)

Michaux, *Qui je fus*

Et encore :

Quoique on éprouve naturellement de la répugnance à picoler du pipi, cependant si quelqu'un en boit à la source d'un jeune homme qui serait en parfaite santé, il doit être assuré qu'il n'y a pas de remède plus souverain au monde...

..., ça soigne
la teigne,
l'ulcère,
la chtouille,
la fauchetouille,
la gratouille, (...)

Maurice Roche

En classe

L'exploitation scolaire de ces écritures peut revêtir trois formes :

• Modifier un texte classique à raison d'un mot inventé par phrase, pour qu'il reste lisible. *La Chèvre de M. Seguin* devient :

Ah qu'elle était jouette la cabrillette de M. Seguin! Qu'elle était jouette avec ses miravoirs doux, ses cornes zébrées et ses longs poilassoies noirs qui lui faisaient une houppelaine! Et puis moulce, molassanne, (...)

CM2, Dijon

• Écrire une histoire sans support connu. Il faut que les mots inventés le soient dans le cours même de l'histoire produite.

Il était une fois un escarbouillainche qui avait très faim.
Il vit passer un hospapatte à poils longs.
« Celui-là, se dit l'escarbouillainche, je vais le goulaffrer. »
Et hop! Il spondrossa sur le malheureux (...)

CM2

• Écrire en inventant des mots composés, qu'on pourrait d'ailleurs contracter ensuite. Exemple d'après un texte d'auteur :

Quel bon temps! Les flocons-légèreté tourbillonnaient joyeusement car la bise-froidure s'amusait comme une vieille folle. Elle décoiffait une cheminée-flamme de son capuchon-sommet, secouait un sureau-mirliton engourdi sous son pesant manteau-chaleur, allait miauler sous une porte-protection, lançait trois pelletées de neige-plume, découvrait la route-horizon, déshabillait un arbre-rêverie ou ne lui laissait qu'une toque-coiffure ou une manche-lustrine, ouvrait une barrière-obstacle et replongeait dans les champs-monotonies...

D'autres enfants, à qui je proposais de contracter les noms composés du texte ci-dessus, ont trouvé ceci :

Quel bon temps ! Les flocongèretés tourbillonnaient joyeusement car la bisoidure s'amusait comme une vieille folle. Elle décoiffait une cheminamme de son capuchommet, (...)

Demandons enfin de caser un mot composé par phrase. Il n'est pas inutile d'en dresser une petite liste avant de s'attaquer à un texte. Les enfants pourront piocher dedans :

Une pauvre grand-mère vivait seule dans la forêt, sa famille ne venait pas la voir. Elle se nourrissait de pommes de terre. Un jour, il avait plu, la grand-mère vit que l'arc-en-ciel tombait sur un vieux chêne abattu par l'orage. Elle alla auprès de l'arbre et trouva un coffre-fort dans le trou des racines. Il était rempli de pièces d'or. (...)

CM2, de Saint-Étienne

Le jeu télégraphique est presque aussi vieux que le télégramme. Lisez pour vous mettre en joie, ce poème :

Moi jamais content rester même chose
Moi toujours partir nouveau
Fuir ennui du toujours même
Toujours espérer trouver fenêtre
Au bout tunnel après suie et ombre (...)

J. Tardieu

Et par deux élèves d'un CM, particulièrement prolixes ; il y en avait trois pages, voici le début :

Était une fois vieux roi malade. Princes se disputaient pour avoir couronne. Vieux roi fatigué. Toujours querelles autour de lui. Un jour, monta cheval et partit. Princes aussitôt se disputèrent. « Moi vouloir couronne, moi aîné », disait l'un. « Moi vouloir trône, moi meilleur », disait second. « Moi devenir roi, moi plus beau », disait troisième. (...)

Utilisation plus directe, le télégramme :

Frères de Mme Barbe-Bleue caserne des mousquetaires
URGENT
Barbe-Bleue furieux suis entrée cabinet interdit vu femmes mortes ai peur
Barbe-Bleue pris couteau Anne sur tour au secours
Mme Barbe-bleue château de Barbe-Bleue

5e — Fouquières-lès-Lens

Autre jeu classique, plus facile que l'écriture d'une histoire, le résumé. Exemple, *le Corbeau et le Renard* :

Corbeau perché avait fromage. Renard attiré dit : « Bonjour, vous êtes joli, chantez-vous aussi bien ? » Corbeau heureux chante. Perd fromage. Renard mange. Corbeau jure pas recommencer. CM2, Paris

Par une classe de 3e, une mésaventure authentique ?

Enfermé prof armoire. M'avait frappée parce que fumais cigarette en classe. Suis virée lycée. LEP, Longwy

Christian Bruel a imaginé un jeu à partir d'un mot. Son jeu s'apparente à l'acrostiche. Les joueurs en effet doivent rédiger leur télégramme de telle sorte que les mots commencent par les lettres du mot choisi, et qu'il y ait autant de mots dans le télégramme que le mot support a de lettres.

Exemple :

Bâton : B-A-T-O-N. « Bien Arrivé, Très Original. Nénette. »

Plus efficacement, les enfants rédigeront d'abord un bref message en style ordinaire. On leur demandera ensuite de le développer en style télégraphique à condition d'utiliser autant de mots qu'en comportait le message normal. Forcément, puisqu'il condensera la forme, la quantité d'informations apportée devra être augmentée : Message préparatoire :

Je me suis marié hier à Bayonne. Ma femme se prénomme Aline. Elle est belle et gentille. Elle a vingt ans. (21 mots)

Message télégraphique enrichi :

Marié hier Bayonne.
Prénom femme Aline.
Belle, gentille. Irons habiter
Arcachon. Trouvé travail mécanicien.
Aline infirmière.
Partons avant voyage à Venise. (21 mots)

CM2, Nîmes

Un jeu d'agrammaticalité

Tous les jeux d'agrammaticalité sont des jeux de construction pour le langage. Je n'en citerai qu'un dans ce chapitre, celui sur le passé simple, car le passé simple est fort réjouissant, même correct !

***C**ollin s'en allit au Lendit,*
***O**ù n'achetit ni ne vendit,*
***M**ais seulement à ce qu'on dict,*
***D**érobit une jument noire. (...)*
C. Marot

***O**ui, dès l'instant où je vous vis*
***B**eauté féroce vous me plûtes;*
***D**e l'amour qu'en vos yeux je pris,*
***S**ur-le-champ vous vous aperçûtes...*
A. Allais

Les élèves ayant des difficultés à maîtriser le passé simple, je propose souvent d'écrire en commettant volontairement les erreurs classiques. Il suffit d'intervertir les terminaisons des verbes entre groupes, ou de conserver les radicaux dans le cas de verbes où il se modifie. Les enfants, au début, me proposent souvent des passés simples justes alors qu'ils les imaginent faux. S'ils veulent amuser, il faudra qu'ils apprennent la règle :

*Stéphane cour**a** demander de l'argent à son père pour acheter des bonbons. Son père lui répond**a** que les bonbons étaient mauvais pour les dents et il refus**it** de lui en donner. Stéphane insist**it** car il était gourmand. Son père se mett**a** en colère (...)*
CM2, Saint-Yrieix

7

LE PRONOM RELATIF, LE PRONOM INTERROGATIF ET LES CONJONCTIONS DE SUBORDINATION

Petit historique

Établir un historique de jeux sur le **pronom relatif** relève de la provocation parce que, le plus souvent, les auteurs qui ont abusé du pronom relatif ne l'ont pas fait pour s'amuser, mais par maladresse ou lourdeur.

Évidemment, aux débuts de notre littérature, la phrase tortueuse cherche ses pensées, raccroche des éléments à une partie qui semble directrice. Tout le XVIe siècle, presque tout le XVIIe siècle s'enferment dans des circonvolutions épaisses.

Quelques exemples :

A l'alouette
Je veux célébrer ton ramage
Sur tous oiseaux qui sont en cage
Et sur tous ceux qui sont ès bois.
Qu'il te fait bon ouïr, à l'heure
Que le bouvier les champs labeurs,
Quand la terre le printemps sent,
Qui plus de ta chanson est gaie
Que courroucée de la plaie
Du soc, qui l'estomac lui fend!

Ronsard

Aïe!

Qu'on loge un philosophe dans une cage de menus filets de fer clairsemés, qui soit suspendue au haut des tours de Notre-Dame de Paris; il verra par raison évidente qu'il est impossible qu'il en tombe; et si ne se saurait garder (s'il n'a accoutumé le métier des couvreurs) que la vue de cette hauteur extrême ne l'épouvante et ne le transisse. (...)

Montaigne, *les Essais*

Aïe! Aïe! Aïe! Et le XVIIe siècle n'est pas plus léger! On pourrait citer Descartes, d'Urfé, Scarron :

Le bœuf, à qui la main du Prêtre,
Qui n'est qu'un maladroit peut-être,
Ne donne au lieu d'un trépas prompt,
Qu'un coup qui la corne lui rompt, (...)

Et puis Corneille soi-même, Boileau :

C'est une dame des plus galantes et des plus spirituelles de la ville de Capoue, mais qui a une trop grande opinion de sa beauté, et qu'Horatius Cocles raille dans cet impromptu de sa façon, dont il a composé aussi le chant, en lui faisant avouer à elle-même que tout cède en beauté à Clélie...

Impossible d'épargner Molière :

Vous êtes de plaisantes gens avec vos règles, dont vous embarrassez les ignorants et nous étourdissez tous les jours. Il semble, à vous ouïr parler, que ces règles de l'art soient les plus grands mystères du monde; et cependant ce ne sont que quelques observations aisées, que le bon sens a faites sur ce qui peut ôter le plaisir que l'on prend à ces sortes de poèmes; (...)

Le XIXe siècle fera mieux. Mais il faudra attendre le XXe pour jouer enfin avec le pronom relatif.

Qui ne crie qu'en silence mais qu'un rien, parfois, fait donner de la voix.
Qui tâche de panser avec des mots sa plaie sans origine repérable.
Qui jamais ne met bas le masque, lui qu'a façonné la langue que d'autres ont façonnée.
Qui supporte la solitude avec peine mais n'est guère plus à l'aise en compagnie. (...)

M. Leiris

— Et toi, qui manges-tu, grouillant?
— Je mange le velu qui digère le pulpeux qui ronge le rampant.
— Et toi, rampant, qui manges-tu?
— Je dévore le trottinant qui bâfre l'ailé qui croque le flottant.
— Et toi, flottant, qui manges-tu?
— J'engloutis le vulveux qui suce le ventru qui mâche le sautillant. (...)

Norge

En classe

On ne prétendra pas que le pronom relatif soit le meilleur ami des enfants; pendant longtemps, il ne le fut pas des auteurs!

Premier jeu

Des enfants préparent une phrase, mentalement ou sur le brouillon. D'autres préparent une proposition commençant par « qui », « que » ou « dont ». On rassemble :

Propositions :

Le médecin examine un malade...
qui jouait de la guitare dans le métro

que le gendarme avait arrêté
dont les roues sont abîmées

Assemblages :

Le médecin qui jouait de la guitare dans le métro examine un malade.
Le médecin que le gendarme avait arrêté examine un malade.
Le médecin dont les roues sont abîmées examine un malade.

Deuxième jeu

Écrire un texte avec un pronom relatif (« qui », « que », « dont », par exemple, dans l'ordre et à tour de rôle) par phrase :

L'extraterrestre, qui s'était perdu, arriva dans une ferme. Il rencontra une vache que le fermier n'avait pas enfermée dans l'étable. Il la prit pour un Terrien dont lui avaient parlé ses amis de l'autre planète. Il s'adressa à la vache qui tourna la tête vers lui en poussant un mugissement. L'extra-terrestre qui ne connaissait pas le langage des Terriens (...) 6e, Tourcoing

Troisième jeu

Pronoms relatifs en série.

Le gendarme poursuit un voleur qui s'enfuit sur les toits qui portent des antennes de télé qui sont attachées aux cheminées qui crachent des fumées noires qui polluent Paris qui est la capitale de la France. 6e

Le gendarme poursuit un voleur
qui s'enfuit sur le toit,
qui s'accroche à une antenne,
qui se retourne pour voir où
est le gendarme
qui arrive sur le toit derrière lui,
qui tire un pistolet de sa poche,
qui avance sur la gouttière,
qui siffle pour appeler les autres
policiers
qui arrivent en car dans la rue
qui descendent
qui ont des fusils
qui branchent un haut-parleur,
et qui appellent le voleur
qui s'arrête sur le toit,
qui lève les bras en l'air
et qui se rend. 6e, banlieue Rouen

Certes, le résultat est lourd. Mais le jeu vise à user abondamment de pronoms relatifs en décomposant les actions.

Quatrième jeu

Chercher une solution en amont et en aval de la subordonnée relative :

.... *qui barbotait dans la rivière..........*

Les enfants se répartiront en deux équipes. Chaque équipe proposera par écrit cinq subordonnées relatives à l'équipe adverse, et devra rechercher des solutions à celles proposées par ses adversaires. L'équipe vainqueur est celle qui termine la première en restant logique.

Exemple par deux équipes mixtes, CM-5e à Angoulême :

Propositions de l'équipe A :

............*qui avait mangé des champignons empoisonnés........*
qui roulait sur le trottoir
qui poussait sur le talus
(...)

Propositions de l'équipe B :

............*qui était passée au feu rouge...........*
qui était très intelligente
qui avait pêché un requin
(...)

Solutions de l'équipe B aux propositions de A :

***M**on grand-père qui avait mangé des champignons empoisonnés est allé à l'hôpital.*
***La** grosse 4 x 4 qui roulait sur le trottoir a heurté un réverbère.*
***La** fleur jaune qui poussait sur le talus était magnifique. (...)*

Solutions de l'équipe A aux propositions de B :

***La** voiture de sport qui était passée au feu rouge a été rattrapée par la police.*
***Une** actrice qui était très intelligente a bien joué son rôle.*
***Un** pêcheur qui avait pêché un requin a été filmé par la télé. (...)*

On pourra proposer des exercices comparables avec les autres pronoms relatifs. On pourra aussi jouer à plusieurs à la façon des « cadavres exquis » surréalistes :

***Le** cahier/... n'était pas propre.* Intercaler : *que mon père a branché :*
***Le** cahier/que mon père a branché/n'était pas propre.*
***Un** professeur coléreux/qui avait les yeux plus gros que le ventre/achetait un vélo tout-terrain/que ma mère avait jeté à la poubelle...*
***Voici** le vélo neuf/que j'ai pêché à la mer.*
***L**'école... est à côté de la mairie.* Intercaler : *où je vais à la pêche.*
***L**'école/où je vais à la pêche/est à côté de la mairie.*
***Je** me demande/ce que l'équipe de Marseille fera demain soir... (...)*

Port-de-Bouc

Avec « il faut que », travaillons à la façon de Verlaine : ***Dormez** les bons prisonniers, faut que vous dormiez.*

***Lisez** les bons écoliers, (il) faut que vous lisiez.*
***Mangez** les bons invités, faut que vous mangiez.*
***Jouez** les bons footballeurs, faut que vous jouiez (...)*

CM, Alençon

Utilisez également **bien que** ; les élèves travailleront par deux :

***L**'été nous mangeons des glaces/bien que mon père déteste les chats...*

Cinquième jeu

Soit une phrase avec trois noms communs, un de personne, un d'animal, un de chose. Associer un pronom relatif à chaque nom :

Un fermier qui mesurait deux mètres dressait un chien policier qui n'aimait pas la viande dans une ferme qui se trouvait au bord de la rivière.

Ou encore, sur une structure similaire, associer un verbe commençant par la même lettre que le nom :

*Un **s**oldat qui **s**uçait une pastille de menthe prêtait une **b**oîte qui **b**rillait à un **g**aragiste qui **g**rognait, pour mettre une **s**auterelle qui **s**autait partout.*

On pourra encore jouer à « enrichir » un texte d'auteur. Tant pis pour Apollinaire :

Dans la plaine les baladins
S'éloignent au long des jardins
Devant l'huis des auberges grises
Par des villages sans églises

Dans la plaine qui s'étend jusqu'à l'horizon, les baladins dont la bourse est vide s'éloignent au long des jardins qui sont entourés de barbelés, devant l'huis des auberges grises que les aubergistes ferment à clé, par des villages qui n'ont pas d'églises.

Sixième jeu

Un pronom relatif de plus.

Proposer une phrase de départ :

J'ai bu de l'eau au robinet. Phrase d'un élève

Les enfants ajoutent :

J'ai bu de l'eau au robinet qui coule dans la rue qui passe près de la mairie qui est un grand bâtiment qui a plus de cent ans. CM2, banlieue parisienne

Voici un garçon dont le père est un brocanteur qui vend des vieux objets dont les propriétaires se débarrassent auprès de clients dont les goûts sont spéciaux puisqu'ils s'intéressent aux choses anciennes dont les autres ne veulent plus.
Ce texte a été arrangé.

Le jeu du pronom relatif en chapelet exige de terminer le groupe de mots prolongeant la partie acquise par un **nom**. Dès qu'on termine par un adjectif, le jeu se bloque. Exemple :

Un gros éléphant qui arrachait un baobab qui poussait dans la savane qui était peuplée d'animaux qui cherchaient leurs proies qui se cachaient dans les hautes herbes qui ondulaient sous le souffle du vent qui caressait doucement le pays qui était magnifique...

CM2

... Stop. Adjectif. Impossible d'aller plus loin. On veillera donc, sans souci de la lourdeur, à ce que les subordonnées relatives proposées par les élèves se terminent par un nom, qui puisse devenir antécédent de la suite.

Ne pas essayer avec « que », parce que le jeu s'arrête :

Un gros éléphant que le feu effrayait...

... Stop. « Effrayait », voilà un verbe qui ne permet pas de rebondir — à moins de recourir à une conjonction, j'y reviendrai.

« Où » et « dont » sont plus exploitables :

Un gros éléphant qui arrachait un baobab dans la savane où se trouvaient de nombreux animaux sauvages qui cherchaient leurs proies qui se dissimulaient dans les hautes herbes où rampaient les serpents que tout le monde craint ***car*** *ils se déplacent sans bruit pour surprendre de petites gazelles qui broutent paisiblement des fleurs dont elles font un léger repas qui suffit à les maintenir en bonne santé... (...)*

Pour des plus jeunes, on pourra essayer d'accumuler les relatives en ordre alphabétique.

*La sorcière qui **a**chetait des **b**retelles*
*qui **b**uvait du **C**oca-cola*
*qui **c**herchait des **d**iamants*
*qui **d**ansait dans une **é**glise*
*qui **é**crasait une **f**raise*
*qui **f**réquentait un **g**endarme (...)*

CE2, Vittel

On pourra séparer l'adjectif de l'antécédent :

***Un** clown agile/ /faisait le saut périlleux.*
***Un** clown/qui avait un gros nez/agile faisait le saut périlleux.*

Cela amuse beaucoup les enfants, mais les aide à toucher du doigt la réalité grammaticale du pronom relatif. Ils doivent assimiler la structure correcte s'ils veulent pouvoir la transgresser.

Les carambolages sont des enchaînements de verbes et prénoms.

***A**lice **a**ppelle **B**ernard qui **b**erce **C**édric qui **c**aresse **D**aniel qui **d**épasse **É**ric qui **é**clabousse **F**abien qui **f**atigue **G**érard qui **g**arde **H**élène qui **h**ait **I**smaël qui **i**gnore **J**ulien qui **j**uge **K**haled qui « **k**laxonne » **L**élia qui **l**ave **M**ounir qui **m**asse **N**aïma qui **n**ourrit (...).*

6e et 5e, Echirolles

On peut aussi remplacer les prénoms par des métiers :

*L'**a**griculteur **a**ppelle le **b**oulanger qui **b**erce le **c**ireur qui **c**aresse le **d**octeur qui **d**épasse l'**é**leveur qui **é**clabousse le **f**acteur qui **f**atigue le **g**aragiste qui **g**arde l'**h**uissier qui **h**ait l'**i**mprimeur qui **i**gnore le **j**ournaliste qui **j**uge le **k**aratéka qui « **k**laxonne » le **l**aitier qui **l**ave le **m**açon qui **m**asse le **n**otaire qui **n**ourrit l'**o**rthophoniste (...).*

En changeant de pronom relatif, on renverse l'ordre des actions :

***L**'agriculteur qu'appelle le boulanger que berce le cireur que caresse le docteur... zigouille Zoé.*

On peut faire le même jeu en remplaçant les noms de métiers par des noms d'animaux — et varier les verbes — ou par des noms propres de l'histoire, ou encore en utilisant des adjectifs, des participes transformés en noms à la manière de Norge mais par ordre alphabétique :

L'affamé appelle le broutant qui berce le caressant qui caresse le doux qui dépasse l'élégant qui éclabousse le faible qui fatigue le gras qui... etc.

CM de Paris

Septième jeu

L'ordre alphabétique.

*La sorcière qui **a**vait des **b**retelles **c**rachait des **d**oryphores.*
*La sorcière qui **m**angeait des **n**ouilles **o**ubliait son **p**arapluie à la **q**uincaillerie.*

6e, Sens

Déclinons à présent le même jeu avec un jeu précédent qui consistait à associer à chaque nom un adjectif commençant par la même lettre, et à chaque verbe un adverbe, et insinuons-y le pronom relatif — tout en respectant l'ordre alphabétique. On ajoutera les conjonctions reliant les phrases entre elles.

*Un **a**viateur **a**mbitieux qui **b**uvait **b**êtement un **c**afé **c**haud dans un **d**ortoir **d**ouillet, l'**é**coutait **é**trangement un **f**aucon **f**urieux dont le **g**azouillement **g**racieux l'**h**orripilait **h**onteusement*
*pendant qu'un **i**ndividu **i**diot qui **jo**uait **j**oyeusement avec un **k**épi **k**aki, **l**avait **l**entement un (...)*

Groupe mixte CM2, 6e-5e, adultes, Lens

Huitième jeu

Il s'agit de parler d'un personnage en usant de pronoms relatifs variés.

Le roi qui portait une couronne d'or
que les gens du royaume adoraient
dont la fille était très jolie
auquel on s'adressait pour régler les affaires difficiles
La sorcière qui avait un vilain nez crochu
que son chat noir suivait partout
dont les méchancetés effrayaient tout le monde
à laquelle on n'adressait jamais la parole (...)

CM2, Nîmes

On exigera encore un pronom relatif par phrase ; la liste des pronoms à utiliser est donnée à l'avance, ce qui apparente ce jeu au logorallye. Voici le travail collectif d'une 6e :

Il était une fois une statue ***qui*** *s'ennuyait. Elle voulait quitter le parc* ***où*** *elle s'ennuyait. Elle s'en alla dans la rue* ***qu'****elle voyait à travers les grilles. Elle marchait sur le trottoir* ***dont*** *le goudron s'enfonçait sous ses pieds. Un monsieur* ***à qui*** *elle parla se sauva en criant. Alors (...)*

Et puisqu'il existe des expressions toutes faites, pourquoi ne pas les pimenter au moyen de pronoms relatifs ?
Rechercher d'abord un grand nombre d'expressions connues ; rapprocher les motifs piquants. Le jeu n'est pas à la portée de tout le monde, parce que, comme disait Gaudi :

La ligne droite n'existe pas dans la nature, elle est la ligne des hommes mornes et butés.

Exemples donnés par des 5e (Limoges) :

Un cardiaque / qui avait le cœur sur la main, /
donnait le bonjour
à une dame chauve / qui se faisait des cheveux.
Un cosmonaute / qui était souvent dans la lune
donnait le bonjour
à un pinocchio / qui avait la langue de bois.
Un monsieur velu / qui avait un poil dans la main
donnait le bonjour
à une dame chauve / qui avait un cheveu sur la langue. (...)

Et puisqu'on parle d'humour, si on parodiait Lichtenberg ? Cet auteur (fin du XVIIIe siècle) fut *l'inventeur de cette sublime niaiserie philosophique,* écrit Breton, *qui configure par l'absurde le chef-d'œuvre dialectique de l'objet : « un couteau sans lame, auquel manque le manche ».*

Un tirebouchon sans poignée qui a perdu sa vis,
une guitare sans cordes, dont on a cassé la caisse de résonance, et qui n'a plus de manche,
un stylo sans capuchon ni manche (sic), *auquel manque la plume, et dont on a perdu la cartouche, (...)*

6e, Nancy

ci-contre, un dessin d'humour sans image et auquel il manque la légende

Pratique. Pour visualiser l'effet des pronoms relatifs, il suffira de croiser les propositions :

qui
qu'un g
v r
La voiture roulait vite au bord de l'océan
l n
e d
u i
r t
avait là-bas
dérobée entre
sur le parking, les pins.

CM1, Paris, réalisation collective,

La partie principale de la phrase reste ainsi repérable.

On peut imaginer un jeu qui mette en évidence les fonctions grammaticales des pronoms relatifs. Ainsi :

SUJET :

L'homme qui pleure demande son chemin à la femme qui rit. (...)

C.O.D. :

L'homme que j'aimerai ne fumera pas. L'homme que j'aimerai fera un bon métier. (...)
La femme que j'aimerai sera gentille ... La femme que j'aimerai sera maigre. La femme que j'aimerai ne criera pas (...)

C.I. ET CIRCONSTANCIEL AVEC PRÉPOSITION :

L'homme à qui mon père parle est mon professeur de math. L'homme à qui mon père parle me demande en mariage (...)
Le pays d'où je viens se trouve de l'autre côté des montagnes. Le pays d'où je viens existe seulement dans mes rêves.

Les pronoms interrogatif et exclamatif

Ils bénéficieront des mêmes traitements et des mêmes jeux. A cet effet, celui de questions-réponses revêt un nouvel intérêt puisque, cette fois, le coup de projecteur se trouve mis sur la question. D'abord un exemple :

— *Qui aimes-tu le mieux, homme énigmatique, dis? ton père, ta mère, ta sœur ou ton frère?*
— *Je n'ai ni père, ni mère, ni sœur, ni frère...*
— *Eh! qu'aimes-tu donc, extraordinaire étranger?*
— *J'aime les nuages... les nuages qui passent... là-bas... là-bas... les merveilleux nuages...*

Baudelaire

Ensuite des élèves de 6e de Saint-Julien-en-Genevois :

Q — *Qui vient avec moi au supermarché cet après-midi?*
R — *Ma cousine Fanny, elle est très gentille et elle aime le chocolat blanc...*

Chaque équipe ignore ce que propose l'autre. Mais on précise tout de même à chacun quel pronom interrogatif est à employer.

Q — *Qui êtes-vous, Monsieur?*
R — *Je suis le champion de France du lancement de cartables.*

On pourrait glaner les réponses dans des livres, sous forme de citations :

Je suis l'expulsé des vieilles pagodes. — Ch. Cros

Je suis un cimetière abhorré de la lune — Baudelaire

Je suis le Ténébreux, le Veuf, l'Inconsolé — G. de Nerval

Q — *A qui le charcutier achète-t-il ses jambons ?*
R — *A la reine d'Angleterre.*

Q — *Avec qui la mère de Julien parle-t-elle le dimanche à la messe?*
R — *Avec le gardien du zoo.*

Q — *Que vous est-il donc arrivé ?*
R — *Je suis tombé de mon lit pendant un rêve et comme je rêvais de rivière je suis tout mouillé.*

On peut adopter une autre forme :

Q — *Dites-moi ce que vous désirez.*
R — *Je désire devenir très riche...*

— ***Q****ui es-tu ?*
— ***J****e suis le gros dahut qui marche la nuit sur les pentes des montagnes.*
— ***Q****ue fais-tu ?*
— ***J****e pousse des drôles de cris pour effrayer les gens qui se promènent.*
— ***Q****u'espères-tu ?*
— ***J****'espère que les hommes vont devenir raisonnables et qu'ils ne jetteront plus de déchets partout dans la nature.*

6ᵉ, Nord

Conjonctions de subordination

Comme on l'a remarqué dans quelques jeux, le recours aux **conjonctions de subordination** stimule l'imagination. C'est pourquoi je réserve un traitement de faveur à ces conjonctions dans le chapitre en principe consacré aux pronoms relatifs.
Les enfants ont de moins en moins tendance à se servir des conjonctions de subordination, influencés par une évolution générale de la narration, qui privilégie la juxtaposition plutôt que la liaison.
Pour un premier jeu, on pourra s'inspirer là encore des « cadavres exquis » et se renvoyer la balle à deux :

Q*uand mon père arriva / la construction de l'immeuble était terminée.*

CM, Paris

Si les temps ne concordent pas lors de la confrontation des parties, il faut faire les modifications nécessaires.

Quand le train entre en gare/la marchande de fleurs coupe les queues de ses roses.
Dès que le coureur a passé la ligne d'arrivée/la femme du boulanger tricote un pull-over pour son mari. (...)
CM1, CM2, Paris

On n'oubliera pas de réclamer que la conjonction de subordination introduise la seconde partie de la phrase plutôt que la première :

Le professeur de chant attrapa un rhume/
lorsque les soldats défilent (défilèrent) dans la rue.
Le torero a tué son taureau/au moment où le commandant Cousteau filmait les baleines (...).

Une liste de conjonctions de subordination et de coordination fournie aux enfants les aidera beaucoup à imaginer leurs phrases.

On leur proposera un logorallye à partir de quelques-unes :

Les parents du petit Poucet n'avaient plus rien à manger, si bien qu'ils décidèrent de perdre leurs enfants. Ils avaient le cœur gros parce qu'ils les aimaient beaucoup. Dès que le jour fut venu, (...)

Le jeu est pesant, mais ce qui importe, c'est le recours aux conjonctions de subordination pour la construction collective du récit.

Dernier jeu : on décomposera l'échange en un jeu de questions-réponses. Un joueur ou une équipe préparera secrètement des questions pendant que l'autre rédigera une batterie de réponses aux questions qu'elle ne connaît pas. Il ne restera plus qu'à associer questions et réponses.

— *Pourquoi l'abricotier qui est dans le jardin est-il en fleurs?*
— *Parce que la vieille dame que mes parents connaissent vit en solitaire dans les bois.*
— *Pourquoi la lumière du soleil qui brille au mois de juin se reflète-t-elle sur l'étang?*
— *Parce que le jardinier qui est barbu a planté des lilas au pied du mur.*
— *Pourquoi y a-t-il des mères qui abandonnent leurs enfants?*

Grenoble

En reliant les parties :

Il y a des mères qui abandonnent leurs enfants/pour que le petit bain, qui est toujours plein de monde, soit quand même propre.

Le même jeu pourra déboucher sur une exploitation plus culturelle. Les enfants, toujours répartis en deux équipes, chercheront des éléments de phrases dans des livres. Ensuite, il suffira de relier les citations obtenues au moyen de conjonctions de subordination (sans renoncer aux pronoms relatifs).

Mon père a repris ses répétitions avec ses camarades, le soir dans l'atelier/de sorte qu'il avait l'air un peu surpris, curieux surtout, mais pas inquiet le moins du monde.

Louki—Genevoix

Dans cette même construction, deux pronoms relatifs furent ensuite introduits, provenant l'un de Gripari, l'autre de La Fontaine :

Mon père/qui aurait bien voulu passer pour la plus belle fille du monde/a repris ses répétitions avec ses camarades, le soir dans l'atelier/qui lui sembla de belle taille/de sorte qu'il avait l'air un peu surpris, curieux surtout, mais pas inquiet le moins du monde.

CM2, Paris

Pour ce dernier exercice, demander aux enfants de glaner le plus de citations possible. Demander aussi de glaner, à part, des propositions subordonnées relatives. Assembler ensuite par tâtonnements en sélectionnant les conjonctions de subordination selon les besoins.

Parenthèse,
pour tester l'oreille :

Il s'agit ici de dicter.

1/dictée de mots inventés (sur structure grammaticale simple) :

Les gougnas bardonnent dans les breilles.

2/dictée de syllabes franches :

Bardon guiramo torpi drafilo pouilleur...

3/dictée de mots apparemment illisibles :

etcerid sulp al te érûs sulp al eiov al rap tnemeillar ed tniop el uo ruoc al zengag, eidnecni d' sac ne.

Une fois la dictée terminée, demander à ceux qui l'ont faite de récrire chaque mot en commençant par la fin, lettre à lettre. Ils découvriront alors un message, et du même coup, les fautes d'oreille :

directe plus la et sûre plus la voie la par ralliement de point le ou cour la gagnez, incendie d' cas en.

Ce qui donne, en rétablissant l'ordre de la phrase cette fois du dernier au premier mot :

En cas d'incendie, gagnez la cour ou le point de ralliement par la voie la plus sûre et la plus directe.

(J'ai donné cette dictée à un groupe mixte lors d'un marathon d'écriture. Deux élèves de 5e ont fait 0 faute !)

8

LES DÉTOURNEMENTS

Le détournement de l'écrit est aussi vieux que l'écrit. J'ai regroupé sous ce titre un certain nombre de jeux divers, qui ont en commun de fonctionner à partir d'une référence.

Petit survol historique

Tous les gosses ont joué au détournement de chansonnettes. Qui ne se souvient de :

Au clair de la lune/trois petits salauds/se tâtaient les prunes/au fond d'un tonneau?

Souvent liées à l'histoire, les déformations de chansons ont toujours suivi l'événement.

Sous les ponts de Paris/on voit Hitler qui chie/et les Anglais avec 200 canons/lui bombardent l'oignon marqua la Seconde Guerre mondiale, tandis que :

J'entends pisser le chien... que c'est triste un chien qui pisse dans le noir,

remplaçait :

J'entends siffler le train

et restera lié aux départs des bidasses pour la guerre d'Algérie.

Les collégiens irrespectueux ne manquèrent jamais une occasion de s'en prendre aux textes classiques :

Rodrigue as-tu du cœur?
Non papa, j'ai du trèfle et si tu me le piques, je t'étends sur le carreau.

Pauvre Corneille!

Prends un siège, Cinna, et assieds-toi par terre,
Et si tu veux parler, commence par te taire.

Les détournements de vers, d'ailleurs, ne furent pas le fait des seuls potaches! Citons Ylipe :

Sois sage, ô ma... et tiens-toi plus tranquille.

D'après Baudelaire!

Ceux de bulles en revanche sont plus récents. Le premier, le peintre surréaliste Rapin, suite à Max Ernst, qui avait inventé le collage, cita Mallarmé sur une bande dessinée de *Prince Vaillant*, dans les années cinquante.
Les graffiti dans le métro montrent que l'on s'adonne toujours au détournement, de publicité ici, avec le même esprit frondeur, à défaut de finesse. Bien organisés, ces détournements sont comiques, comme la campagne de la revue anarchiste *Mordicus,* qui collait — pratique illégale en France — des bulles sur des affiches publicitaires sans aucun rapport avec elles. En fait, c'est sans doute la publicité elle-même qui détourne le plus. Par l'image d'abord : Vermeer et les produits laitiers; par le texte ensuite :

Tas de beaux œufs, tu sais.

Sans parler des abus musicaux qui préposent Wagner au récurage des gogues, ou des nombreux plagiats de séquences cinématographiques célèbres, telles que *La belle et la bête* ou *King-Kong.*

Le détournement littéraire est plus ancien. Cervantès ne régla-t-il pas les comptes du roman de chevalerie avec son *Don Quichotte ?* Scarron, lui, réglait ses comptes personnels, et Boileau ne faisait guère mieux en raillant Scudéry :

S'il rencontre un palais, il m'en dépeint la face : il me promène après de terrasse en terrasse...

Notons qu'il raille ailleurs Ménage à qui il fait reproche de « coudre » des mots empruntés — en fait, des morceaux de Malherbe —, alors que lui-même n'hésitera pas à reprendre des descriptions burlesques pour brosser son fameux *Tableau de Paris.* Mais, ainsi que le prouveront plus tard les colleurs surréalistes ou Burroughs, le plagiat n'est-il pas une forme de détournement ? Attitude baroque « qui exhibe et dilapide ses moyens », comme dit Borgès ?

Le premier doute est venu des proverbes :

Il ne faut pas courir deux lèvres à la fois.
L'abbé ne fait pas le moine.
La pépie vient en mangeant.

Balzac

Les faux articles d'Alphonse Allais opérèrent les détournements les plus décisifs :

Encore des bicyclettes

M. le préfet de police, au lieu de pourchasser les boookmakers et les innocentes petites marchandes de fleurs, ferait beaucoup mieux de songer à réglementer les bicyclettes qui, par ces temps de chaleurs, constituent un véritable danger public.
Encore, hier matin, une bicyclette s'est échappée de son hanger et a parcouru à toute vitesse la rue Vivienne, bousculant tout et semant la terreur sur son passage. (...)

Sans négliger les poèmes attrape-nigaud de Franc-Nohain :

Sollicitudes

Appétit vigoureux, tempérament de fer,
Membert languit, Membert se meurt... ami si cher !
Qu'a Membert ? (...)

Et puis :

Une histoire de boa entré dans un cor de chasse
Moralité :
Dieu ! comme le boa est triste au fond du cor !

Maurice Donnay

Les bons contes font le bonze ami.

Willy

La fable-express, détournement de morale, piétine les plates-bandes, du XIXe siècle à nos jours.
Le proverbe de son côté continuait de marcher de travers. Rabelais n'avait-il pas donné le mauvais exemple :

A cul de foirard abonde merde ?

Daumal, Eluard et Péret :

Il faut battre sa mère pendant qu'elle est jeune,

ouvraient la voie à Tardieu :

Grimpe à l'arbre après le bûcheron — c'est-à-dire une fois que l'arbre à été abattu. N'entreprends rien au-delà de tes forces (...)

et à M. Roche :

Quand on pédale dans le yaourt on fait son beurre

proverbe bulgare adressé à Ph. Sollers

Tout peut être détourné :

Cher Monsieur,

En voyant ce matin une enveloppe qui nous était adressée, nous avons immédiatement deviné qu'il s'agissait d'une lettre. C'était en effet une lettre soigneusement enfermée dans une enveloppe en papier. (...)

J. Sternberg, Courrier commercial

La citation, forcément, reste aux avant-postes du détournement. Parfois, on se contente d'un ou deux mots changés, parfois on invente et on attribue à quelqu'un :

Un livre doit toujours être à la page — Gutenberg.

P. Dac

Ou l'on attribue à n'importe qui (c'est le jeu de « comme disait ») :

Quand on est Maure, c'est pour longtemps, comme disait le jeune Arabe qui, après avoir reçu une excellente éducation au lycée d'Alger, s'en allait rejoindre ses frères dans le désert, dans le Sud-Oranais.

A. Allais

Tout détournement est sérieux. Croire qu'il ne l'est pas, serait « une impression fosse », comme dit Vian. Le caviardage lui-même — ô combien dramatique lorsqu'il s'agit de censure ! — introduit d'autres écritures. Le cas le plus exceptionnel est sans doute celui de Julian Rios qui caviarda toutes les pages de *Robinson Crusoé* pour produire une œuvre personnelle. Le jeu consiste à biffer des mots d'un texte, de manière à dire autre chose avec ceux qui restent.

On connaît encore les détournements de Roussel, et comment il partait d'éléments sonores empruntés à une chansonnette pour écrire un conte.

Burroughs, pour sa part, copia dans *Le Festin nu* une conversation écrite par Conrad, pour en inventer une nouvelle. Ce jeu est connu : on vide un texte de ses substantifs, adjectifs, verbes, et l'on remplace les mots absents par d'autres.

A noter que cette technique écrite trouva dans le même temps un équivalent plastique avec le pop art, et particulièrement chez Erro, qui peignait des personnages érigés en mythes dans des décors hautement culturels — par exemple Mao à Venise. Et saluons quand même avant lui les grands détourneurs que furent Max Ernst avec ses collages, ou Magritte. Aujourd'hui, suite aux découvertes de J. Kolar, un courant travaille dans cette direction, avec le sculpteur Vanarsky et le groupe de l'Oupinpo — équivalent plasticien de l'Oulipo.

En classe

Tous les jeux structuraux sont des jeux de détournement. Qu'il s'agisse d'attendre des enfants la production d'une phrase, de vers, d'un texte, sur la structure d'une autre phrase, d'autres vers, d'un autre texte, le jeu reste le même. Remplir. S'offrent à nous des milliers de supports, souvent exploités dans des écoles. Le résultat n'est pas forcément riche lorsque le travail ne s'exerce que sur l'habillage. Voici un texte obtenu en demandant à des enfants de CE2 de combler les blancs d'un poème de Prévert qu'ils ne connaissaient pas :

*Dans un square sur un **banc***
*Il y a un **gardien** qui vous appelle quand on marche **sur la pelouse***
*Il a des **moustaches**, un vieux **cache-col** gris*
*Il fume un petit **cigare** il est assis*
*Et il vous appelle quand on marche **sur la pelouse***
*Ou simplement il vous fait **la grimace***
*Il ne faut pas le **traiter*** (sic) *(...)*

Plus intéressante, l'écriture « à la manière de ». J'ai déjà cité le poème de Franc-Nohain. Puisqu'il invitait le lecteur à continuer son œuvre, les enfants ne se sont pas privés !

Je viens de voir Ramel chez le marchand de bonbons,
Il fondait de plus en plus.
Qu'a Ramel ?

De Prévert encore, à partir de :

J'ai mis mon képi dans la cage et je suis sorti avec l'oiseau sur la tête (...)

par des enfants de CE1 de Cherbourg :

J'ai mis mes souliers dans l'aquarium et je suis sorti avec des poissons rouges aux pieds.
J'ai mis mon manteau dans la niche et je suis sorti avec Médor sur mon dos. (...)

Le langage parlé de Prévert est une mine!
Tous les textes anaphoriques (débuts de vers ou de phrases identiques) sont également exploitables :

Mort *est le rêt qui tout attrape,*
Mort *est la main qui tout agrape;*
Tout lui reste quand elle serre.
Mort *fait à tous de sombres chapes (...)*

Hélinand de Froidmont, XIIe siècle

Sots *lunatiques,* ***Sots*** *étourdis,* ***Sots*** *sages,*
Sots *de villes, de châteaux, de villages,*
Sots *rassotés,* ***Sots*** *niais,* ***Sots*** *subtils,*
Sots *amoureux*
(...)

Pierre Gringore

Adieu *la cour,* ***adieu*** *les dames,*
Adieu *les filles et les femmes,*
Adieu *vous dis pour quelque temps, (...)*

Marot

Les supports abondent, y compris au XXe siècle :

Ma femme *aux cils de bâton d'écriture d'enfant*
Aux sourcils de bord de nid d'hirondelle
Ma femme *aux tempes d'ardoise de toit de serre*
Et de buée aux vitres
Ma femme *aux épaules de champagne (...)*

André Breton

Quand ils *couraient, c'était du vent,*
Quand ils *pleuraient, c'était vivant,*
Quand ils *dormaient, c'était sans regret. (...)*

Robert Denos

Je me souviens *que Michel Legrand fit ses débuts sous le nom de « Big Mike ».*
Je me souviens *qu'un coureur de 400 m fut surpris en train de voler dans les vestiaires d'un stade (et que, pour éviter la prison, il fut obligé de s'engager en Indochine).*
Je me souviens *du jour où le Japon capitula (...)*

Georges Perec

Les enfants travailleront volontiers à partir de ces répétitions. Voici quelques exemples confrontés :

Ceux qui *pieusement...*
Ceux qui *copieusement...*
Ceux qui *tricolorent*
Ceux qui *inaugurent*
Ceux qui *croient (...)*
Prévert

Ceux qui *hypocritement*
Ceux qui *gentiment*
Ceux qui *grimacent*
Ceux qui *sympathiquement*
Ceux qui *manièrent (...)*
6e, Bar-le-Duc

Je *n'aime pas :*
les loulous blancs, les femmes en pantalon,
les géraniums, les fraises, le clavecin,
Miró, (...)
Barthes

Je *n'aime pas :*
les chats noirs, les gardiens d'immeubles,
les tulipes, les pommes, le piano,
Picasso,
CM2, Alençon

Rome, *l'unique objet de mon ressentiment*
Rome, *à qui vient ton bras d'immoler mon amant*
Rome, *qui t'a vu naître et que ton cœur adore*
Rome, *enfin que je hais parce qu'elle t'honore.*
Corneille

***Banlieue** moche avec ses HLM en béton gris,*
***Banlieue** où les gens crient et se disputent,*
***Banlieue** où tout est triste et où on s'embête,*
***Banlieue** qui nous dégoûte et qu'on déteste.*
CM2, banlieue de Paris

Prenons quelques distances avec les supports. Lorsqu'on donne aux enfants des supports réduits, le résultat est meilleur.
Sur ce début simple :

Celui / celle que j'épouserai...,

voici des phrases spontanées par des enfants de CE ; chacun propose sa phrase à tour de rôle :

***Celui que j'épouserai** ne sera pas noir.*
sera très beau.
ne fumera pas à la maison.
m'aimera beaucoup.
m'aidera à faire la cuisine.
sera très riche
(...)
***Celle que j'épouserai** je l'aimerai beaucoup.*
me fera le ménage. (!)
sera française.
ne criera pas.
n'aimera que moi...
Banlieue parisienne

Je propose aux enfants de se raconter à raison d'une phrase par année de vie. Un CE2 :

***Quand** on a un an, on fait encore pipi dans ses couches.*
***Quand** on a deux ans, on commence à marcher debout.*
***Quand** on a trois ans, on va à la maternelle.*
***On** fait plein de bêtises quand on a quatre ans, et on ne nous dit rien. (...)*

Beaucoup de tournures de phrases serviront de rampe de lancement : « Il est important de... », « Il est interdit de... », Quand je serai... », Si mon père... », « Chaque fois que... », « Quand j'étais petit... », « Puisque le... », « Il était une fois... », « Je me souviens... », « J'aime... », « Je déteste... », « Ce qui me plaît le plus... », « Pour faire un... »

Quelques expressions déboucheront sur des productions amusantes :

« Caramba ! » s'écria la princesse espagnole en déposant sa chique sur le coin du piano.
(Expression connue de tous les collégiens)
« Mammamia ! » s'écria le vieux loup de mer anglais (?) en jetant son sandwich dans les égouts de Paris.

Le jeu de « l'envers » plaît beaucoup aux petits de CP — d'ailleurs il leur pose des problèmes. Il s'agit, à partir de « Au pays de l'envers », de demander ce qu'on peut imaginer d'un pays où tout serait le contraire du nôtre, espace certes, mais aussi habitudes, règles, etc. Il faut exiger que les phrases produites précisent la pensée sans répétition du mot « envers ». Un CP à Vittel :

Au pays de l'envers, les gens marchent sur les mains.
on commence à manger par le dessert.
on tient sa fourchette avec les pieds.
on marche sur le plafond.
on met le pantalon sur sa tête, et le pull-over sur ses jambes.
la pluie tombe du sol.
quand on nous dit d'avancer on recule.
on a les yeux derrière la tête.
les maîtresses disent de bavarder au lieu de travailler.
quand on fait une bêtise, la maman nous donne du chocolat. (...)

On imaginera avec le même bonheur des situations de départ pour libérer la fantaisie — et la réflexion logique —
à partir de « *Au pays des menteurs* »,
ou « *Au pays du bonheur* »,
ou « *Au pays des monstres* »,
ou « *Au pays des jeux* »,
ou « *Au pays des bêtises* »,
ou « *Au pays des gens bizarres* », ...

Les enfants proposent d'ailleurs volontiers des sujets.

Aller au cours de violon avec une paire de skis et aller au cours de ski avec un violon.
Aller au cours de piano avec des chaussures de foot et aller au foot avec une partition de Mozart. (...)
CE1, Paris

Ce jeu inventé par les enfants a le privilège de débusquer des absurdités comparables à celles soulevées par Prévert :

Un vieillard en or avec une montre en deuil,

(jeu que les enfants affectionnent. — J'en reparlerai au chapitre « Agrammaticalité »).
Ce jeu de forme structurale, des auteurs l'ont aussi pratiqué, pour notre plaisir. Citons Max Jacob, sous le titre *Pastiche :*

Avez-vous rencontré la fille au muguet bleu
Qui m'aime sans me vouloir ?
Avez-vous rencontré le lièvre au poil de feu
Qui broute à mes réfectoires ?
Avez-vous rencontré le vieillard chassieux
Qui dit non sans rien savoir ? (...)

Un CE2, à partir de deux listes de rimes écrites au tableau :

Avez-vous rencontré la princesse aux longs cheveux
Qui traverse les miroirs ?
Avez-vous rencontré le bel oiseau merveilleux
Qui vous donne le bonsoir ?
Avez-vous rencontré le fantôme nuageux
Caché dans un grand tiroir ? (...)

Le détournement de discours sérieux est plus délicat.
On se réfère toujours à Rabelais :

Hen ! Hen ! Hen ! Mna dies, Monsieur, Mna dies. Et vous aussi Messieurs. Il ne serait que bon que vous nous rendissiez nos cloches, car elles nous sont bien nécessaires. Hen ! Hen ! Hasch !

Un des meilleurs détournements contemporains est pourtant à porter au compte de Becket dans *En attendant Godot :*

... et attendu d'autre part qu'à la suite des recherches inachevées n'anticipons pas des recherches inachevées mais néanmoins couronnées par

l'Acacacacadémie d'Anthropopopométrie de Berne-en-Bresse de Testu et Conard il est établi sans autre possibilité d'erreur que celle afférente aux calculs humains qu'à la suite des recherches inachevées inachevées de Testu et Conard il est établi tabli tabli ce qui suit qui suit qui suit (...)

On n'attendra pas de tels textes des enfants ! En revanche (j'ai déjà mentionné les lettres au directeur), on proposera de récrire maints textes officiels ou scolaires en tâchant d'oublier le modèle, et ce grâce à des enchaînements de phrases obligatoires, grâce à des contraintes de lettres imposées ou interdites, de nombre de mots, de niveaux de langages ; en essayant d'avoir autant d'humour que Boris Vian :

Donnez le si
Il pousse un if
Faites le tri
Il naît un arbre
Jouez au bridge et le pont s'ouvre...

Pour ces faux articles, des enfants de 5e de Saint-Yrieix ont tenté de conserver la forme journalistique :

Tour de force sur l'autoroute

Lundi 12 avril à 16 h, un accident s'est produit sur l'autoroute.
Deux hommes se sont retrouvés bloqués dans une voiture dans le fossé.
Alors un géant sortit du coffre et souleva la voiture sans effort.
Il la déposa sur l'autoroute et remonta dans le coffre. L'auto a pu repartir.
Si vous voyagez sur l'autoroute, n'oubliez jamais d'emporter
un géant dans le coffre.

Voulez-vous récrire un poème ?
Modifiez le rythme porteur,
ou passez des vers à la prose. Ainsi, d'après Paul Fort, sur des vers de cinq syllabes :

Si toutes les filles
Se donnaient la main
Autour de la mer
Elles tourneraient.
Si tous les garçons (...) CE2, Valence

Et d'après La Fontaine, en prose, avec obligation d'une phrase par ligne et d'un mot de plus par phrase :

*« **B**onjour!*
***J**e chante! »*
***L**a fourmi travaille.*
***L**a cigale s'amuse.*
***M**ais bientôt voilà l'hiver.*
***I**l neige, il fait très froid.*
***L**a cigale n'a rien à manger.*
***E**lle va demander à manger à la fourmi.*
***M**ais la fourmi refuse et elle lui demande :*
*« **Q**ue faisiez-vous cet été au lieu de travailler?*
*— **J**e chantais des jolies chansons au soleil, répond la cigale.*
*— **H**é bien vous n'avez qu'à danser! » répond la fourmi.*

CM1 , Alençon

Jeu de sens : remettre aux enfants un sonnet auquel manquent les rimes. Leur remettre les rimes en vrac et demander que celles-ci reprennent place dans le poème. Résultats parfois inattendus. Mais quand le sens du poème est clair, les rimes sont à peu près replacées.

Écrire des menus; tous les noms d'une même ligne commencent par la même lettre :

A : *Artichauts à l'ail*
B : *Bouillabaisse de brochet avec des beignets*
C : *Crêpes au céleri et au cresson*
D : *Dindonneau aux dattes*
E : *Escalope ou entrecôte aux escargots (...)* CM2, Arras

Autre règle, changer de lettre à chaque mot :

Artichauts braisés aux clémentines
Daurade aux escargots farcis et grenouilles...

Autre solution : en comptant les lettres :

Oie Œuf Radis Steack Fraises Chocolat

Même jeu, en donnant plus de lettres à la première ligne :

Terrine de lapin	(14 lettres)	*Plateau de fromages*	17
Dinde aux marrons	15	*Prunes, poires, pêches*	18
Soupe aux poireaux	16	*Meringues au chocolat*	19

Les recettes permettront de travailler les infinitifs et les impératifs au choix, et surtout de transposer le sujet à un centre d'intérêt non culinaire. Ce que fit Queneau pour une recette d'écriture :

Prenez un petit bout de sens
Puis un grand morceau d'innocence...

Menu de sorcière

Attrapez des crapauds dans le jardin
Jetez-les dans une grande marmite avec des araignées
Ajoutez deux ou trois rats (...)

Reprenez-en à l'infinitif :

Attraper des crapauds dans le jardin
Les jeter dans une grande marmite avec des araignées
Ajouter deux ou trois rats (...)

Toujours à l'infinitif, voulez-vous passer une mauvaise journée avec un CM2 de la banlieue parisienne ? Voici ce qu'il faut faire :

***A**rriver en retard en courant*
***E**ntrer sans s'excuser*
***F**aire du bruit, déranger la classe*
***J**eter ses affaires par terre sous la table*
***E**nfoncer le mégot dans l'encrier (...)*
***P**oser les santiags sur la table.*

Au contraire :

***A**pprenez vos leçons la veille*
***F**aites vos devoirs avant d'arriver au bahut*
***N'**oubliez pas de saluer le professeur*
***F**aites un sourire, ça peut servir (...)*

Pour écrire un bon paragraphe, œuvre collective d'un CE2 de Paris :

***D'**abord choisissez un sujet*
***P**renez votre stylo*
***R**éfléchissez*
***É**crivez des phrases sur une feuille*
***N'**oubliez pas les majuscules (...)*
***A**ttendez la note et priez.*

Regret : les enfants n'ont pas recouru au vocabulaire de cuisine.

***É**talez votre sujet sur la pâte*
***S**aupoudrez de bonnes expressions bien françaises*
***T**ruffez d'informations claires (...)*

Voici une recette rythmée, produit typiquement CM2, réalisé pendant la guerre du Golfe :

***P**our faire une bonne guerre*
***E**ngagez des militaires.*
***A**chetez quelques canons,*
***P**ayez-vous quelques avions.*
***E**t pour bien vous amuser (...)*

J'ai écourté. Il y avait aussi les mines, les hélicoptères, les gaz, les missiles, ...

Et voici une lettre à l'impératif — à moi adressée :

Venez au collège Émile Zola. Nous devons vous interroger à propos de l'Enfant qui dévorait les livres. *Mme *** a porté plainte. Contactez votre avocat, vous en aurez besoin. L'interrogatoire sera très serré. Avouez votre crime !*

5e, Fouquières-lès-Lens

Un détournement classique affecte les proverbes et autres expressions populaires. On peut s'amuser comme Harry Mathews à souder deux moitiés de proverbes disparates :

Jeux de mains contre mauvaise fortune...
Jeux de mains dans un bas de soie...

On peut inventer comme Chaval :

Mieux vaut pleurer que rire à contretemps.
L'argent ne fait pas la probité.
Qui vole un bœuf est vachement musclé...(...)

On peut essayer de faire mieux, comme Pinget *(M Songe)* :

Pour sortir d'une impasse il faut en prendre une autre.
On n'excelle dans un genre que dans la mesure où on ne l'aime pas.
Les gens qui font des maximes ressemblent à des commis voyageurs qui auraient loupé le train ...

Ou faire des confidences en forme d'aphorismes, comme J. Renard :

Enfin seul, sans s.
Que deviennent les larmes qu'on ne verse pas ?

L'idéal serait d'arriver à la fable-express. Mieux vaut pour cela trouver le proverbe terminal en premier. On inventera ensuite une petite histoire sur un rythme. C'est bien ce que firent des enfants de CM2 à Limoges à partir d'un proverbe transformé :

La maison du plus fort est toujours la meilleure :

Les trois petits cochons
Ont fait une maison.
Le premier était faible,
Le loup renversa sa maison. (...)
Moralité : La maison du plus fort est toujours la meilleure.

Voici une autre fable-express à partir d'un chiasme célèbre :

Il faut de tout pour faire un monde

est devenu, trafiqué par une classe de 5ᵉ :

Il faut deux matous pour faire un monde
Quand Dieu créa le monde
Il y mit des oiseaux. (...)
Mais l'homme s'ennuyait.
Donc Dieu créa la femme. (...)
Et la femme lui dit :
« Faites-moi deux matous,
Car j'aime bien les chats. »

On pourra pousser une pointe jusqu'au syllogisme :

Les hommes sont des adultes (majeure)
Or ma mère est une adulte (mineure)
Donc ma mère est un homme. (conclusion)

Une élève de CM2, Toulon

Autre jeu littéraire aussi amusant que stimulant : les tests.

***Ê**tes-vous mort ou vivant ?*

1. A *quelle distance votre souffle ternit-il un miroir ? 1 cm ? 10 cm ? 1 mètre ? 10 mètres ? (défense de cracher) Plus vous le ternissez loin plus vous êtes vivant. (...)*

Cavanna

Et, par deux CM1 de Paris :

Aimez-vous les chiens ?

— *Vous embrassez votre chien matin et soir*
— *Vous mangez dans la même assiette (...)*
— *Vous prenez ses puces sur vous pour le débarrasser*
— *Vous pissez partout*
— *Vous mordez le facteur (...)*
Si vous avez plus de 6 « oui » : ou vous êtes un chien ou vous êtes en train de le devenir !

On notera que le travail sur le vouvoiement n'est pas le dernier intérêt de ce jeu. On n'oubliera pas non plus la possibilité toujours offerte de rédiger collectivement ces tests sous diverses formes, en vers, en ordre alphabétique, à partir de verbes choisis,...

Les fausses règles de jeux, les faux problèmes relèvent de détournements comparables :

Soit un mur, qu'y a-t-il derrière? Jean Tardieu

En vrac : Un jeu idiot

Dessinez sur le sol dix cases carrées d'un mètre de côté bout à bout et en ligne droite. Sautez de la première case dans la seconde à cloche-pied. Puis sautez de la deuxième dans la troisième toujours à cloche-pied. Continuez ainsi jusqu'à la dixième. Le vainqueur sera celui qui réussira ensuite à sauter à cloche-pied de la dixième case à la première.

6e, Lyon

Problème idiot :

Mon frère mesure 1,02 mètre et moi 1,20 mètre. Calculez la surface.

CM2, Paris

Comme je reparlerai du jeu de caviardage qui consiste à biffer les mots d'un texte de manière à en composer un autre, je me bornerai ici à en procurer un exemple. A partir du texte suivant, voici, par des enfants de 6e, à partir du texte suivant :

En arrivant à la caserne, le colonel rendit son salut à la sentinelle qui présentait les armes.Il alla au bureau du général discuter d'un document secret qu'il ne savait pas lire parce qu'il n'en connaissait pas le code,

plusieurs textes individuels (les meilleurs) :

En arrivant à la caserne, le colonel rendit. Il ne savait pas lire.
A la caserne, le colonel rendit les armes au général. Il ne savait pas le code.
Le colonel présentait un document secret qu'il ne connaissait pas. (...)

On remarquera que les élèves ont respecté la consigne et utilisé les mots du texte dans l'ordre, sans retour en arrière. En les laissant libres de piocher dans n'importe quel ordre, on obtiendrait de nombreux textes. J'en citerai trois :

Le colonel présentait la sentinelle au général. Il ne connaissait pas la caserne.

La sentinelle rendit les armes au colonel parce qu'il ne connaissait pas le général.
Le général rendit un document secret à la sentinelle parce qu'il ne savait pas lire ...

Les gaîtés de l'escadron!

Pour terminer ce chapitre, je parlerai un peu du jeu de citations. Ce jeu et celui de « comme disait » exigent une culture que les enfants n'ont pas. On leur suggérera pourtant de rechercher des phrases dans des livres, le livre de lectures choisies par exemple, et de les attribuer à d'autres personnages que leurs auteurs.

Longtemps je me suis couchée de bonne heure (Mme du Barry).

On pourra leur demander de recueillir des phrases de la vie quotidienne, jeu plus riche!, en les attribuant ensuite à des célébrités ou à n'importe qui. Mais n'attendons pas de leur part la qualité de Breffort :

Ce n'est pas de l'amour, c'est de la rage (Pasteur).

ou de Cavanna :

Si je n'avais pas lu la Grande Encyclopédie Bête et Méchante *par-dessus l'épaule de Cavanna, je garderais encore les chèvres (Mitterrand).*

Mais tout de même, en vrac, par des CM, 6e et 5e :

Il est l'heure d'aller au lit, comme disait la rivière à l'eau qui avait débordé.
Ne mets pas tes doigts dans la bouche, comme disait la maman au petit garçon qui mettait sa main dans la bouche du lion.
Rien ne sert de courir, il faut partir à point (le chef de gare).
Range un peu ce bazar, comme disait le directeur à la vendeuse du grand magasin. ...

Autre jeu comique, le jeu de « ou bien ». De nombreux livres portent en effet deux titres :

Georges Dandin ou le mari confondu
Zadig ou la destinée
Candide ou l'optimisme
Hernani ou l'honneur castillan
Knock ou le triomphe de la médecine
Victor ou les enfants au pouvoir...

Les enfants depuis belle lurette ont parodié. Qui ne connaît *Trente ans sur un pot ou la vie d'un constipé ?* On s'amusera donc à leur réclamer des appréciations (de livres, de films, de chansons) sur la base de ce jeu :

20 000 lieues sous les mers ou les pieds dans l'eau.
Cendrillon ou le secret de la pantoufle perdue.
Chérie j'ai rétréci les gosses ou comment faire de la place à la maison.

Des auteurs détournent même les titres : *Le tour du jour en 80 mondes* (Cortazar).

9

L'IMAGINAIRE

Petit historique

J'ai classé à part une série de jeux basés sur l'imaginaire, qu'il s'agisse d'y parler de pays, de personnages, de peuples, de mœurs, de bestiaires, ou de langages...

Les pays imaginaires ont engendré une abondante littérature depuis Homère. On ne saurait tout citer, mais tout de même, un précurseur de poids : Rabelais et les extraordinaires voyages où les paroles elles-mêmes gèlent.

Et puis, Cyrano voyage dans la lune, Gulliver rencontre des peuples minuscules et géants, Candide va en Eldorado. Les exemples anciens abondent. C'est pourtant au xxe siècle que l'écrit sur l'imaginaire a pris toute sa démesure poétique avec R. Roussel :

Vers quatre heures, ce 25 juin, tout semblait prêt pour le sacre de Talou VII, empereur du Ponuhélé, roi de Drelchkaff.

Malgré le déclin du soleil, la chaleur restait accablante dans cette région de l'Afrique voisine de l'équateur, et chacun de nous se sentait lourdement incommodé par l'orageuse température, que ne modifiait aucune brise. (...)

Raymond Roussel, *Impressions d'Afrique*

Michaux a décrit des populations avec la précision d'un ethnologue — et d'un artiste peintre, qu'il fut :

Quand un Aravi part en voyage, les gens qui le connaissent intimement le saluent, la règle veut qu'on le salue. En d'autres circonstances, on n'est pas tenu de le saluer.

H. Michaux, *Ailleurs*

Dans la même veine, un autre grand poète, également peintre, Pierre Bettencourt :

Ce n'est qu'à mon troisième voyage sur la Planète Innommée que je m'intéressai vraiment à une peuplade d'aspect plutôt végétatif, dont j'avais rencontré quelques individus dans les cratères des volcans, mais qui m'avaient paru tomber dans le champ du botaniste et ne concerner qu'assez peu l'ethnologue, je veux parler des cortinaires.

Et Gilbert Lascault :

Les alcaniens évitent d'ailleurs en général ces grandes batailles qu'ils trouvent trop spectaculaires. Ils préfèrent embuscades et coups de main, où la musique n'est pas nécessaire, où elle est même déconseillée.

Un Ilot tempéré

Italo Calvino :

Phillide est un espace où l'on trace des parcours entre des points suspendus dans le vide... Tu cours après non pas ce qui se trouve au-dehors mais au-dedans de tes yeux, enseveli, effacé : si un portique continue de te paraître plus joli qu'un autre, c'est parce que c'est celui où passait voici trente ans une jeune fille aux manches larges et brodées...

Les Villes invisibles

Et bien d'autres auteurs : Orwell, Eduardo Manet... Comment ne pas mentionner aussi le filon de la science-fiction après Verne et H.G. Wells, avec des auteurs comme Asimov, Bradbury, S. Wul, et j'en passe... Le cinéma et la bande dessinée ont fait fleurir d'extraordinaires productions.
Les personnages imaginaires sont légion. Aussi laisserons-nous ceux à qui un auteur « prête vie » au premier degré (la plupart des romans s'en accommodent) — et d'ailleurs de nombreux écri-

vains ont éprouvé le besoin de rebondir un peu plus haut en imaginant un homme de plume imaginaire à qui ils prêtent nom, œuvre et biographie (à l'inverse de Lovecraft dont on a longtemps cru que l'Arabe dément du Necronomicon était une fiction!) — pour nous intéresser plutôt à l'imagination d'événements faux rapportés à un personnage et relatés pour vrais, avec la plus efficace vraisemblance, quel que soit le mode d'écriture. G. Lascault a ainsi inventé des anecdotes concernant l'enfance de personnes célèbres. Topor, à travers l'histoire raccourcie de la peinture du XXe siècle, met en scène un personnage composé d'autres. Et Brecht n'a pas hésité à mettre en scène maints personnages vivants sur des thèmes parfaitement fictifs! (Chaplin non plus!)

Les animaux étranges hantent les rêves de l'homme depuis toujours. On connaît la mythologie grecque, on connaît les chansons de geste, on connaît les contes, on connaît en peinture l'exploitation du thème de l'enfer ou de la tentation de saint Antoine. Les apparitions bizarres, souvent fabriquées de pièces rapportées et juxtaposées, sont évidemment liées à l'époque de leur invention : l'imagination a les limites de la pensée de son temps. Des auteurs pourtant se sont profondément efforcés de donner vie à des monstres humains ou animaux (Hugo, par exemple, avec Quasimodo, avec l'homme qui rit, avec la pieuvre des *Travailleurs de la mer*), mais les réussites les plus spectaculaires viennent du domaine fantastique, Kafka et Lovecraft à part.

Côté langage, la poésie a creusé un trou de longue date. Nous avons parlé d'inventions de mots amusants. Les surréalistes ont approfondi cette recherche. Voici, à propos du mot « mamou » (mot inventé), quelques définitions proposées par :

Arrabal : *C'est un petit veau. Exemple : « Le mamou s'écarta de moi un instant et je pus voir son ventre. »*

Breton : *Mamou, en parler incroyable veut dire « mon amour ». Exemple, Barras à Joséphine : « Venez, Mamou, il se fait ta'd. »*

Isidore Isou et les lettristes poussèrent l'invention langagière à son

paroxysme en écrivant des poèmes entiers. Malheureusement les résultats ne sont pas à la hauteur de la démarche.
Le premier avril, tout le monde s'amuse à imaginer un événement extraordinaire — avec un bonheur inégal. La presse aujourd'hui d'ailleurs ne tolère plus le passage de « canards » sans une sorte d'avertissement au lecteur, parce qu'il est devenu tellement bête qu'il n'est plus capable de démêler le faux du vrai. Encore que des émissions comme le *Bébête-show* ne se privent pas de donner de faux commentaires sur l'information — sans aller pourtant jusqu'à délivrer de fausses informations. On a la télévision
— qu'on peut
— qu'on mérite
— qu'on tout court. (Rayer les mentions inutiles.)

En classe

Le sujet à base imaginaire est très porteur. Il le sera davantage en imposant une structure contraignante. Voici la description d'un animal imaginaire par des enfants de CE1 et CE2 ensemble. Pour mener à bien ce travail collectif, j'ai d'abord demandé aux enfants de me donner des verbes des trois groupes, verbes que nous avons rangés en ordre alphabétique ensuite. J'ai demandé ensuite qu'on décrive l'animal en employant ces verbes — à l'infinitif ou conjugués — dans l'ordre.

Les dragons vont dans les marécages boueux. Pour se laver, ils bondissent dans l'eau. Ils chantent en prenant leur bain. Généralement, le petit dragon chevauche sa maman. Les dragons courent dans l'eau pour s'éclabousser. En sortant du bain, les dragons se mettent à danser en tapant des pieds. Comme ils sont fatigués, ils dorment au pied d'un arbre. (...)

Puis j'ai suggéré à ces enfants par petits groupes de parler d'un animal à raison d'une phrase chacun. Les groupes se retiraient, revenaient après concertation et chaque élève disait **sa** phrase au magnétophone.

Le Férusse est un animal très rusé. Son corps est bleu et velu. Sa queue est écailleuse et au bout il y a deux espèces de cornes tordues. (...)
Le Kolé est un animal gentil avec les hommes. Son corps est celui d'un cheval. Il a des ailes blanches mais il est tout rose. (...)

Autre sujet fort, à condition d'être exigeant et de refuser les phrases qui n'expliquent pas l'exemple proposé, voici un texte sur une peuplade étrange, les goulous. Ce travail a été réalisé collectivement au magnétophone et au tableau par deux CM de Vittel, sur la même contrainte que précédemment : choix de verbes, mise en ordre alphabétique, phrases. J'avais exigé une explication par affirmation, de manière à étoffer la description.

Les goulous vont à la mer en hiver parce qu'il n'y a personne et qu'ils n'aiment pas le monde.
Ils apprennent les mathématiques en buvant le champagne parce que le champagne leur donne des idées.

Ils bâtissent les maisons sous l'eau pour étudier les poissons.

Au lieu de bronzer comme nous, ils blanchissent parce que leur organisme résiste au soleil. (...)

Le recours à la conjonction de subordination « parce que » a été spontané. J'aurais pu en faire une contrainte.
S'agissant de la description d'un animal ou d'une ethnie, on devra veiller à ne pas accepter un dérapage narratif qui conduirait à commencer une histoire.
Mais le même jeu permettra, si on le désire, d'en raconter une. Un rêve ayant été raconté par un enfant du CE2, je demande aux élèves de la classe de reprendre ce rêve, phrase par phrase, en faisant alterner les verbes dans l'ordre : premier groupe, deuxième groupe, troisième groupe — les auxiliaires restent libres.

*Hier soir, **j'ai rêvé** que j'étais en Afrique avec Jacob. Nous avions un éléphant, Toumbo, qui **barrissait**. Après, nous **sommes allés** dans une maison. Un monsieur nous la **gardait**. Dehors, il y avait un tronc d'arbre très gros et **j'ai bondi** dessus. Je **voulais** descendre (...)*

Remarque : ce rêve était un rêve qu'un enfant avait fait. On pourrait en imaginer d'autres ; j'indiquerai plus loin une technique pour y parvenir.

On pourra toujours stimuler un travail par un choix de mots donnés. Certains reviennent fréquemment dans les productions parlées ou écrites des enfants de même âge : « être, avoir, faire, alors, voir, savoir, pouvoir, aller, parce que, falloir, et, mais, venir, prendre, mettre, aimer », etc. D'autres sont moins utilisés.

A partir d'un poème de Marjan :

Après avoir chanté / Ma grand-mère Félicité / Est partie pour les îles de l'Amirauté.

des élèves ont imaginé de petites anecdotes sur toute la famille.

Certains mots ou expressions étaient proposés :

*Après avoir **payé sa redevance***
Ma grand-mère Florence
A fait le tour de France.

*Après avoir **vacciné** son chien*
Mon grand-père Lucien
Est parti chez les Autrichiens.

La référence farfelue n'a pas empêché des élèves de chercher à garder un sens :

Après avoir acheté une moto / Mon professeur Thibaut / Est parti pour Bordeaux.

Les textes mettant en scène des groupes constitués, famille, classe, conseil des maîtres, voyageurs d'un bus, armée,... plaisent aux enfants. Chacun apporte sa petite pierre et contribue à l'érection d'un édifice dont tous apprécient l'architecture et la décoration. Il convient de choisir les supports en fonction de l'âge des élèves.

Dimanche
Charlotte
Fait de la compote
Bertrand
Suce des harengs.
Cunégonde
Se teint en blonde. (...)
Moi, ze ne bouze pas
Sur ma langue z'ai un chat.

Obaldia

En classe,
Ludovic
Fait de la gymnastique.
Florence
Fait de la danse.
Alice
Sait sa table de dix. (...)
Et moi qu'est-ce que je fais?
Je fais des dictées.

CE1, région de Mâcon

Avec des plus grands :

Un coup à la porte

Toc toc, qui cela peut-il bien être? Papa avec les cadeaux de Noël?
Toc toc, qui cela peut-il bien être? Ce doit être lui, je le parierais. Il a beau vieillir, mon Giorgio, il est toujours aussi taquin. (...)
Oh ! ces enfants... Toc toc, ce doit être le vent. Ou bien les esprits ? Ou bien les souvenirs?

Buzzati

Toc toc, qui cela peut-il bien être?
Un mendiant qui frappe à la porte
pour me demander de l'argent?
(...)
Toc toc, qui cela peut-il bien être?
Le copain de ma sœur qui vient voir
si elle peut venir avec lui au cinéma ?...

CM2, région de Charleville

Quelques grandes rubriques, à présent :
La description, réaliste ou imaginaire

A *main droite,*
ma manie de manipuler,
démantibuler,
désaxer et malaxer les mots,
pour moi mamelles immémoriales,
que je tète en ahanant. (...)

M. Leiris

Donner les mots « à gauche, à droite, au centre, au milieu, sur, sous, devant » ...

U*ne ville imaginaire*

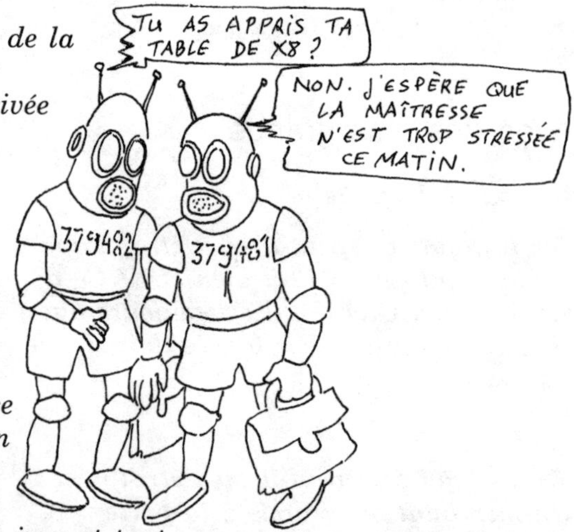

Tout près, nous voyons l'immeuble de la police. Il est arrondi. A gauche se trouve l'aéroport d'arrivée des hélicoptères et à droite la gare des autobus qui « roulent » sur coussins d'air. Devant la gare, des tapis roulants amènent des milliers de voyageurs depuis des kilomètres. Derrière la tour de la police, on aperçoit la ville très étendue et enfumée, très polluée. Sur le pont de l'autoroute qui passe à côté, on voit des lignes de chemin de fer. Il y en a une centaine, et le pont est aussi grand qu'un arc-en-ciel. Plus loin se dresse un parc de jeux et tout près un énorme écran de télévision qui donne les informations en trois dimensions. A l'horizon, on voit les tours de la mairie.

CM2, Nîmes

Placer un enfant devant un paysage, naturel ou citadin, et lui demander de nommer très vite les objets qu'il voit. Les noter par écrit pendant qu'il parle. De retour en classe, écrire ces mots au tableau : à partir de ceux-ci, dans l'ordre où ils ont été dits et écrits, l'enfant, ou la classe, proposera une phrase par mot. On

organisera ensuite cette description spontanée en regroupant les phrases de façon plus cohérente.
Avec des élèves de SES de Lille, nous avons tenté de décrire des ateliers. Un élève se plaçait à l'entrée et disait pendant trente secondes ce qu'il voyait. Voici les mots prononcés par l'observateur d'un atelier de menuiserie : « armoire, porte, tournevis, éponge, garçon, lumière, toit transparent, professeur, tabouret, devant de lit, interrupteur, vernis, vitre, armoire de salle de bains, marteau ». Précisons que les élèves de 6e et 5e de SES ne fréquentaient pas cet atelier. Ils l'observaient donc au travail pour la première fois. De retour en classe, le groupe a été invité à faire des phrases à partir des mots prononcés par son camarade.

Des garçons faisaient des armoires. Les garçons nettoyaient les portes avec une bouteille blanche. Un tournevis était sur une table. Des éponges servaient à nettoyer les planches. Un garçon prenait une barre de fer. Les lumières servaient à éclairer. Le toit était arrondi et transparent. (...)

Tout cela restant décousu, nous avons procédé à un rangement plus logique des mêmes phrases, du général au particulier. Nous avons également recherché un rangement spatial, du plus près au plus loin. Restait à enchaîner les phrases...
D'autres observations-descriptions furent réalisées le même jour : atelier de maçonnerie, de couture, un parc, une rue, pour apprendre à voir et à dire « en situation ».
A ces élèves, très faibles, j'ai également proposé le travail de vision-description d'images, d'abord à partir de leurs dessins, puis, suite à la visite du musée d'Art moderne de Villeneuve-d'Ascq, à partir de tableaux. Un travail préparatoire était nécessaire. Sur une feuille de papier rectangulaire, médianes et diagonales tracées délimitaient des zones : gauche, droite, bas, haut, centre. Pendant la visite, les enfants notaient par écrit les noms des objets peints sur le tableau à la place correspondante sur la feuille. Munis de ces notes, ils devaient au retour en classe décrire les tableaux observés. Ainsi, *la Carafe aux poissons,* de Braque :

A droite et à gauche, deux tableaux.
Au milieu une table noire.
Sur la table un plat.
Dans le plat deux poissons.
A droite une cuiller et en haut à droite une carafe.

L'enfant n'a pas su faire de phrases, mais la description est « dessinable ».
Le jeu fut prolongé par une description, écrite au tableau, d'un dessin que je venais de faire et que les enfants ne voyaient pas. A eux de lire cette description et de dessiner ce qui était décrit sur une feuille de papier. La plupart des enfants réussirent l'épreuve en dépit de difficultés réelles. Plusieurs reproduisirent le dessin type. Il s'agissait d'une femme assise à sa fenêtre et observant une colline ensoleillée.
Plus tard, les enfants ont raconté cette visite sur le rythme ┌┬┬┐ ┌┐ |.
Je livre le début :

J'ai visité le musée
Les tableaux sont magnifiques
Ils étaient multicolores
J'ai aimé Femme au bouquet
J'ai été au bord du lac
J'ai regardé les canards...

Puis j'ai demandé aux enfants de raconter une visite imaginaire sur cette première structure, un cirque :

On a visité un cirque
La tente était magnifique
Elle était multicolore
J'ai aimé les acrobates...

Biographie, imaginaire ou non

Pour placer un personnage dans une époque, il faudra d'abord situer les dates et les événements importants. Exemple par une 6e de Saint-Quentin : le personnage imaginaire choisi étant né en 1765, il fallait d'abord faire remarquer qu'il aurait 24 ans en

1789, puis en gros 34 ans sous Napoléon, 50 lors de Waterloo, même si le personnage choisi n'avait rien à voir avec la politique.

Amédée Boulloche est né en 1765 à Saint-Quentin. Ses parents avaient une boutique de chapeaux. Ils vendaient aussi des perruques car c'était la mode. Très jeune, Amédée Boulloche s'intéressa à la peinture et très peu hélas aux études. A l'âge de 15 ans, il quitta la ville pour se rendre à Paris. Il y rencontra des grands peintres qui lui apprirent son métier. (...)

Ce travail peut s'organiser à partir de fiches d'état-civil, ou de fiches scolaires.

L'événement imaginaire ou jeu du journaliste

Je joue le rôle du journaliste. On vient de m'informer, j'arrive. Je n'ai pas assisté à l'événement, je vais donc interroger les témoins qui cerneront l'histoire en l'improvisant. Puis j'interrogerai des personnalités appelées sur place pour leurs qualités ou compétences. Je ne livrerai pas le jeu dans son entier, car il est long. En voici l'incipit, par des CM2 :

On vient de m'avertir qu'une baleine a remonté le courant. Je suis au bord du canal, la baleine est échouée contre une pile du pont. Qui a vu quelque chose ?

Les doigts se lèvent, les enfants racontent — certains prennent un accent. Ils sont : une promeneuse, un pêcheur, un promeneur avec son chien, un automobiliste sur le pont au moment de l'accident, un peintre, un homme en barque... Ils racontent l'échouage du cétacé, la peur et l'étonnement des témoins, le pont endommagé... J'interroge encore : la police (elle interrompt la circulation sur le pont, maintient les curieux à distance), les pompiers (pour d'éventuels blessés, et plongeurs pour examiner la baleine), vétérinaires, SPA, Green-Peace, le maire de Port-de-Bouc, la marine, etc. Tous ces gens parlent des dégâts, les évaluent (ingénieur des Ponts et Chaussées), évoquent le sauvetage de la baleine après son insensibilisation, etc. Pour finir, nous sélectionnons les rôles interprétés par les enfants et résumons les interventions pour jouer le tout en continuité quasi théâtrale.

Géographie imaginaire

Dessinons la carte d'un pays qui n'existe pas, plaçons les villes, les rivières, le relief. Nommons. Fournissons des renseignements sur tout ce qui figure sur la carte.
La carte muette ayant été dessinée au tableau et l'emplacement des villes et reliefs choisi, je demande à des enfants (CE1-2 de Paris), d'inventer individuellement par écrit :
— un nom de pays,
— un nom pour sa capitale,
— deux noms de fleuves,
— un nom de chaîne de montagnes et le nom du mont le plus élevé,
— un nom de mer qui borde le pays,
— quatre noms de villes.
Parmi les noms proposés, je sélectionne les plus poétiques et je les fais entendre aux enfants qui votent, yeux fermés. Nous obtenons ainsi les mots qui figurent sur la carte jointe.

• Je demande alors qu'on me parle des lieux et du pays. Chacun fait des phrases de son côté et les propose au magnétophone ; tout le monde écoute les différentes productions.

A Kamel, il y a à côté d'un lac une petite tour ronde de 1888. Kamel est la plus vieille ville de Gombie; c'est la capitale du pays. A Kamel, il y a un monument qui s'appelle le Sacrémade. Il a dix siècles. Il y a aussi des gratte-ciel modernes. (...)
A Rankar, il faut visiter le monument Bermal qui date de 1700. Dans ce monument il y a des armures de chevaliers du Moyen Âge. Et bien sûr, le musée de Sarreboune qui conserve de belles tapisseries de la Renaissance.
A Virne, on peut aller voir la Fimona de Bigone qui a trois cents ans. Elle a été construite par Fimon Bigo. C'est une énorme statue de lion portant une couronne d'or. Fimon Bigo l'avait construite parce qu'il était devenu roi de Gombie sans être le fils du roi. (sic)
A Balaba, il y a un monument qui fait vingt-trois mètres de haut et qui représente une déesse assise sur une licorne. Il date de 1283. Cette déesse s'appelle Néfa. Celui qui a fait le monument était amoureux d'elle. (Pas mal, n'est-ce pas?)
Tous les ans, sur la mer de Gogo, on organise une course de bateaux de Mousselande à Méropolu. Le vainqueur reçoit son poids en pièces d'or.

Les habitants de Gombie s'appellent des Gombiens. Ils placent leurs verbes à la fin de leurs phrases. Voici un exemple : « Walla lala baba. » Qui veut dire : « La classe tranquille est. » (...)
A Siran, on vend un des plus célèbres vins du monde car il y a des grandes vignes là-bas. Les gens viennent du monde entier pour le boire. Le chef de la société de vin est multimilliardaire.

• Histoire esquissée de la Gombie
Je ne cite que quelques phrases :

En 1708, le roi d'Arakar est venu se déclarer roi de Gombie. Il y a eu une longue guerre. A la fin, le roi d'Arakar a été battu. En 1316, le roi Chambéri 1er de Gombie a été assassiné à Rankar. (Il avait un sale rancart!)
En 1939-1945, les Gombiens ont fait la guerre avec nous. En 1945, ils ont fait un grand défilé avec leur roi Louis II (...).

Parenthèse, quelques dates célèbres de l'histoire de France détournée, par les mêmes élèves :

Le roi Gustave IV était mort en 730 à Tours. Ses trois fils se battaient pour prendre sa place. Le cadet, Gustave, réussit à empoisonner son frère aîné Bertrand en 731 et à faire assassiner son autre frère Paul en 732. C'est le pape Émilien III qui le couronna roi à Strasbourg. Il épousa ensuite la princesse Nicole de Grenoble et ils eurent trois filles et un fils qui devint roi à son tour sous le nom de Jérôme Ier en 768.

• Proverbes gombiens, règles de savoir-vivre, mœurs, traditions, superstitions, etc.

Ces thèmes provoquent une abondante production orale ou écrite. On donnera d'abord des exemples littéraires célèbres, pour se mettre en bouche :

Lorsqu'un raseur rencontré dans la rue vous importune, étendez-vous tranquillement sur le trottoir et endormez-vous. Maurice Henry

Sois altruiste, respecte l'égoïsme des autres. S. Jerzy Lec

Forts de ces exemples, les enfants se mettront à l'ouvrage :

Peut-être vivant aujourd'hui, peut-être mort demain.
Quand il fait beau, on ne met pas de chapeau.
A la cale comme sur le pont.
Qu'on soit noir ou blanc nous sommes égalités. (sic)

Le 21 septembre, à l'automne, les Gombiens quittent tous leur maison à minuit pour applaudir le clair de lune. (...)
Les Gombiens, le 7 avril, doivent obligatoirement faire au moins une bêtise. Ça porte bonheur. C'est la fête des bêtises. (...)

Pour jouer aux superstitions, il sera fort utile d'essayer de dénombrer les nôtres, et de les expliquer :

Un élève :

Toucher son soulier de la main gauche quand on l'a au pied. Les Gombiens le font très souvent car ça porte bonheur. On peut le toucher en se baissant, mais c'est bien meilleur si on lève le pied jusqu'à la main gauche. C'est pour ça que les Gombiens sont très souples...

• Sports, records, jeux imaginaires, métiers...

Monsieur Gior a battu le record de longueur de pied de 120 cm. Il avait tiré sur son pied pendant 4 ans. (...)

Monsieur Dublochon est fabricant de feuilles d'arbres sans arbres, dans un laboratoire. A l'automne, il jette les feuilles dans les rues sans arbres pour que les gens se croient à la campagne. (...)

Sport gombien : on creuse un trou très profond. Au fond, on met un trempoline. On saute dans le trou pour essayer de rebondir jusqu'au sol. Sinon on reste dans le trou...

On pourrait encore traiter de l'histoire de l'art, histoire d'un monument, développer la géographie (industrie, agriculture, commerce, etc.), décrire la faune imaginaire, les lois imaginaires, les délits et les châtiments, l'école et les diplômes, etc.

• Objets imaginaires

En s'inspirant de Carelman ou de R. Brossart, on fera imaginer toutes sortes d'objets plus ou moins bizarres.

Le tabluro est un bureau à deux pieds. Ses tiroirs n'ont pas de poignées. La lampe s'allume quand on s'assoit sur le siège. Le tabluro est marron. Il a des bras pour nous donner les livres et les cahiers.

(...) La Maison automatique absorbe la saleté. Les lits se font tout seuls. Elle sert aux paresseux.

• Mots inventés, langage imaginaire...

On n'en finirait pas de citer de grands précédents !

De Rabelais, « matagraboliser » (se donner beaucoup de mal pour rien), à rapprocher du verbe « aquoiboniser » de P. Delbourg ! Dans *le Rapport de Brodie,* Borges décrit ainsi le langage imaginaire d'une tribu primitive, les Yahous :

Chaque mot monosyllabique correspond à une idée générale qui se définit par le contexte et par la mimique. Le mot nrz, par exemple, suggère l'idée de dispersion ou de taches. (...)

Et si nous revenions aux enfants ?
Je fais entendre des mots inventés à une classe. Chaque élève écrit à quoi ce mot le fait penser : objet, fleur, poisson, oiseau, animal, personne, métiers... Les propositions sont soumises à un vote de l'ensemble. Je demande alors des phrases d'illustration.

Étalame :

Pour les enfants, il s'agit d'un objet, d'une fleur, d'un étang, d'un meuble, d'une mer. Après vote, ce sera un meuble :

J'ai posé mes lunettes sur l'étalame. Ma mère range ses affaires dans l'étalame. Je n'ai pas pu soulever l'étalame parce que c'était trop lourd.

Effime :

Après avoir suggéré fleur, vêtement, oiseau, objet, plante, nourriture, le choix final a été fleur.

Tous les matins mon père arrose les effimes dans le jardin.
J'ai jeté les effimes fanées dans la poubelle.

Affards :

Après hésitation entre objet, plante aquatique, animal, insecte, mammifère, les enfants ont opté pour insecte.

Dans la cave il y a plein d'affards.
J'ai tué un affard avec une tapette à mouche. (sic)

Cabréser : les élèves ont dû choisir, pour un métier, entre fleuriste, berger, gendarme, démolisseur, menuisier, vigneron, médecin, pompier, chercheur d'or et préciser le lieu où l'on « cabrèse » : campagne, montagne, hôpital, usine. Le choix définitif se porta sur le couple berger/campagne.

*« **L**e berger cabrèse ses moutons sur la paille.*
***L**es bergers cabrèsent à la montagne pour appeler les moutons » (...).*

Je n'avais pas dit aux enfants que les mots étaient imaginaires avant l'exercice. Après révélation, je leur suggère d'inventer des verbes et de les conjuguer. Voici, par un enfant de CE1, au présent, le verbe « ortapir » (se préparer à attaquer), 2e groupe :

***J**'ortapis,*
tu ortapis,
il ortapit,
nous ortapissons,
vous ortapissez,
ils ortapissent

A partir d'un verbe qui n'existe pas, collectivement au tableau, nous imaginons une famille de mots :

bourner (v.) : parler trop.
débourner (v.) : parler peu.
bourne (n. f.) : conversation trop bavarde.
bournement (n. m.) : bruit de plusieurs bavardages en même temps.
bourneret (n. m.) : bavard qui ne sait pas ce qu'il dit.
bournoyer (v.) : bavarder à plusieurs à celui qui parle le plus.
bournis (n. m.) : étourdissement par le bavardage.
bournouer (v.) : bavarder tellement qu'on a mal à la gorge.
bournoi (n. m.) : championnat de bavardage.
bourniquet (n. m.) : celui qui tourne autour des gens en leur parlant.
bourneur (n. m.) : celui qui parle trop.
bournable (adj.) : dont on peut parler beaucoup.
imbournable (adj.) : le contraire.
bournon (n. m.) : petit animal bruyant...

Pour s'amuser intelligemment, voici un petit moment de grammaire.
Je demande :
nom + adjectif (sujet du verbe)
verbe au présent
nom + adjectif qualificatif (complément circonstanciel de lieu).
Les élèves me proposent des mots :

L*es* ***a****broumis* (nom) ***b****ourzés* (adjectif qualificatif) *charimollent* (verbe) *dans les* ***d****ordorons* ***é****rabaux.*

Je propose à mon tour une phrase. Les enfants me donnent la nature et la fonction des mots (il y a toujours des indices) :

U*n arbator anepte, qui fissait des couelles dans la fêtre marcale, engoussait une zonette avie derrière un poutrou vorailleux.*

Ça marche.

Signalons l'exercice de Roussel sur les phrases inductrices, et le passage par homophonie d'une phrase à l'autre. (Exemple : « les lettres du blanc sur les bandes du vieux billard » et « les lettres du blanc sur les bandes du vieux pillard ».)

10

AGRAMMATICALITÉ

Considérations historiques

J'ai déjà parlé d'agrammaticalité en citant le poème de Marot à base de passés simples faux :

Collin s'en allit au Lendit.

On pourrait s'amuser d'autres temps ! Ainsi, Vian du conditionnel :

Je n'ai plus très envie
D'écrire des pohésies
Si c'était comme avant
J'en fairais plus souvent (...)

Et l'on connaît d'une part le rêve d'Alphonse Allais d'émanciper les masses en leur apprenant l'imparfait du subjonctif, et d'autre part ce mot de Lacretelle à un confrère académicien :

J'eusse été fâché que vous m'imputassiez cette connerie.

On appelle agrammaticalité l'usage (intentionnel et abusif) d'erreurs de grammaire, de conjugaison, de syntaxe. Prenons pour exemple l'adverbe. Au XVIIe siècle, il apportait sans doute un soupçon de nuances dans une société brutale. Louis XIII ne cracha-t-il pas dans le décolleté trop ouvert d'une dame de la cour, et Gaston d'Orléans n'alla-t-il pas péter dans la bouche d'un page endormi ? Quoi qu'il en soit, la raillerie de Molière :

J'aime superbement et magnifiquement :
Ces deux adverbes joints font admirablement

contre les vers de l'abbé Cotin a porté.

Boileau n'était pas plus léger :

Ce qui se conçoit bien s'énonce clairement
Et les mots pour le dire arrivent aisément.

Brûlons les étapes jusqu'au XXe siècle :

A comme Absolument athée
T comme Totalement...

Ceux qui pieusement...
Ceux qui copieusement... Prévert

3e au 1er : *« Comment allez-vous ?*
1er au 3e : — *Chaudement. Et vous ?* (au 2e) *Froidement. Et vous ?*
3e au 1er : — *Agréablement. Et vous ?*
2e au 3e : — *Désagréablement. Et vous ?*
1er et 2e au 3e : — *Et vous ?*
3e : — *Drôlatiquement. Et vous ? » (...).* Ionesco, *Les salutations*

Tout ce qui a pu paraître lourd ou agrammatical à une époque, un écrivain s'en est servi ou s'en servira pour faire œuvre. Jusqu'au sens classique, que les surréalistes mirent un jour en doute en développant leurs « cadavres exquis ». Les abus de verbes, d'adjectifs, de phrases courtes ou inachevées (Beckett, Pinget), de textes sans ponctuation (Joyce, Beckett), de phrases sans verbes (Louki), de points d'exclamation ou de suspension (Céline), de parenthèses (Roussel), de conjonctions (Proust), de pronoms relatifs, etc., tout est consommable. L'abus de mots tortueux (Joyce), de mélanges de niveaux de langage (Queneau, Vian), de mauvais calembours (Lacan), de mots répétitifs, tout peut faire œuvre et porter une culture, tant il est vrai que la distance avec l'écrit « correct » mesure, étalonne autant cet écrit que ses dissidences, autant son histoire que sa précarité, et qu'une anthologie des jeux de la langue française — jeu au sens d'amusement — est forcément aussi celle des « jeux » de cette langue (au sens où il y a du jeu entre les éléments) : une histoire du langage par le travers, par l'absurde, par la bande, et qui envoie ce qui semblait flotter **par le fond**.

En classe

Eh bien, commençons par l'adverbe. Il existe un jeu classique, qui rapproche l'adverbe d'un mot apparemment contradictoire :

Feu! cria froidement le commandant du peloton d'exécution.
Ce taureau était vachement fort.
C'est vrai que je suis coupable, dit innocemment l'accusé au tribunal.

L'intérêt de ce jeu est limité. Limité aussi le jeu de citation déguisée :

Mouche ton nez, dit Jean Valjean, pour dire misérablement bonjour à la dame.

Mais en conservant une même expression banale et en modifiant les adverbes, on aidera les enfants à les explorer. On fournira aux élèves une liste d'adverbes avant le travail :

Mouche ton nez, dit le clown, pour dire drôlement bonjour à la dame.
Mouche ton nez, dit le chat noir, pour dire superstitieusement...
Mouche ton nez, dit le professeur, pour dire sentencieusement...

6e, Brest

Plus riche est le jeu qui consiste à demander aux enfants d'écrire collectivement une histoire en usant d'un adverbe par phrase. Pour varier les adverbes, il faudra que l'histoire soit active.

Il était une fois une vieille grand-mère qui vivait pauvrement au bord de la rivière. Tous les samedis, elle lavait son linge proprement dans l'eau. Elle le frottait vigoureusement. Un jour, une espèce de génie vert sortit subitement de la rivière. La vieille recula peureusement. (...).

CM2, Reims

Dans le même esprit, une élève de 5e m'adressait cette lettre un adverbe par verbe !

J'ai l'honneur de vous informer gentiment que nous
vous invitons fermement dans notre collège E. Zola.
Surtout, si vous vous égarez bêtement,
vous n'aurez qu'à demander poliment votre chemin (...)

Les jeux de défilés sont sans fin. A partir d'une liste d'adverbes employés en ordre alphabétique, évoquons une galerie de personnages :

Défilé de mardi gras

*Les myopes défilaient **a**veuglément.* *Les paresseux venaient **c**almement.*
*Les musiciens jouaient **b**ruyamment.* *Les nudistes passaient **d**écemment (...).*

CM2, Brest

On aurait pu corser la situation en réclamant que verbes et adverbes commencent par la même lettre :

*Les reines **m**inaudaient **m**ajestueusement.*

Pourquoi ne pas rimer ?

La famille, un repas de noces

Le marié mangeait patiemment.
La mariée mangeait gentiment.
Le tonton mangeait bruyamment.
La tante mangeait proprement (...).

CM2, Angoulême

On imaginera d'autres possibilités à base d'inventaires, le rapport aux adverbes s'établissant à des objets décrits à raison d'un par phrase. On ajoutera la recherche d'adverbes aux « cadavres exquis » grammaticaux. Un élève cherche un sujet, un autre un verbe, un autre un adverbe, un autre un COD, un autre un CC de lieu, un autre un CC de temps, de manière, etc., sans oublier le recours au pronom relatif ou aux conjonctions de subordination. On tâchera d'écrire collectivement en dérive à raison d'un adverbe par phrase. Pour ce jeu, deux solutions :

• Un élève ayant donné une première phrase, la phrase suivante reprendra un mot de la précédente, sans souci de liaison de sens.

*La voiture de police roule rapidement sur l'autoroute en faisant entendre sa **sirène**. La petite **sirène** rêvait tristement dans son **palais** au fond de la mer. En mangeant une croûte de pain, je (...).*

• Un élève ayant dit une première phrase, la phrase suivante reprendra un mot de la précédente en le déformant d'une lettre, toujours sans souci d'enchaînement de sens. L'essentiel est de ne pas interrompre la chaîne et que tout le monde participe.

*Le nageur plonge joyeusement dans le grand **bain**. Un **nain** se promène bruyamment dans le **bois**. Les **rois** donnent dignement des ordres aux **princes** et aux princesses. Les **pinces** du crabe font drôlement mal...*

CM1, Paris

Je ne reviendrai pas sur le pronom relatif.
Je ne reviendrai pas non plus longuement sur les noms composés, sauf que le jeu de cortèges, qui consiste à échanger des parties de mots entre deux, est fort intéressant à pratiquer, d'abord pour dresser une liste de noms composés, puis pour les classer, ensuite pour bien les comprendre, enfin — raffinement suprême — pour tâcher de les mettre au pluriel !
Retrouvons Prévert pour le plaisir :

Un vieillard en or avec une montre en deuil
Une reine de peine avec un homme d'Angleterre
Et des travailleurs de la paix avec des gardiens de la mer
Un hussard de la farce avec un dindon de la mort (...).

Retrouvons aussi, et bien avant lui, Du Bartas (fin du XVIe siècle) :

Je te salue ô terre ô terre porte-grains,
Porte-or, porte-santé, porte-habits, porte-humains,
Porte-fruits, porte-tours, calme, belle, immobile,...

Ne sommes-nous point là très près de l'oiseau de Prévert...
« Porte-plume ? »

Laissons les enfants improviser :

L'arbre : porte-feuilles ; les oiseaux gazouillent dans les porte-feuilles.
La tête : porte-chapeau ; quand j'ai mal à mon porte-chapeau je prends une aspirine (...).

CM, Saint-Étienne

Ce « cortège » par une classe de CM2, et à partir de listes de noms composés, respecte les nuances grammaticales :

Un ouvre-tête avec un casse-boîte,
Une garde-bagage avec un porte-pêche,

Une machine à épiler avec une pince à écrire,
Un abat-main avec un baise-jour,
Une pomme de nuit avec une chemise de terre (...).

Prendre enfin deux noms composés de même structure grammaticale et les mélanger pour n'en garder qu'un. Faire une phrase :

Garde-fou et porte-parapluie donnent porte-fou. A l'asile le directeur a embauché un porte-fou pour déplacer les fous parce qu'il ne faut pas les fatiguer.
Lance-flammes et tire-bouchon donnent lance-bouchon. Il existe un sport très ancien chez les marchands de vin. Les joueurs (...).

6e, Grenoble

Vieil effet comique, le pléonasme fut utilisé par les auteurs picaresques dans les courts résumés qui tenaient lieu de titres aux chapitres de leurs romans. En vrac :

Cervantès, seconde partie de *Don Quichotte,* chapitre IX : *Où l'on raconte ce que l'on y verra.*
Quevedo *la Vie de l'aventurier don Pablos de Ségovie,* chapitre VIII : *Je fais route vers Ségovie et il m'advient ce qu'on lira.*
Scarron, *le Roman comique,* chapitre XI *: qui contient ce que vous verrez, si vous prenez la peine de lire.*
Rabelais ne dédaigna pas le pléonasme. On lit, chapitre XXI de *Gargantua* : *et jusqu'à la mort il vécut en dépit des envieux.*

Plus près de nous, Satie :

Sachez que les enfants sont plus jeunes que les vieillards. Je préfère la musique que j'aime à celle que je n'aime pas.

Non, le pléonasme ne date pas de la dernière pluie. Parfois involontaire :
« Un quart d'heure avant sa mort, il était encore en vie, » chantèrent les soldats de Jacques de Chabannes, seigneur de La Palice. Ils voulaient — maladroitement — dire que leur chef s'était vigoureusement battu jusqu'au dernier moment.

Les enfants ont toujours connu ce refrain :

Quand j'étais petit, je n'étais pas grand

Demandons-leur des phrases.

La petite chèvre monta dans la montagne en grimpant sur la pente au lieu de la descendre.
Les chats n'aiment pas du tout les chiens vu qu'ils les détestent (...).

CM1-CM2, Quimper

S'il semble évident à l'écoute ou à la lecture, le jeu n'est pas aisé à produire. Les enfants éprouvent en effet quelques difficultés à saisir que la répétition concerne le sens et non pas les mots, et la recherche du sens opposé est toujours tentante. Réussir un bon pléonasme est une performance spirituelle.

L'élève était toujours absent
Puisqu'il n'était jamais présent.

CM2, dystique rimé

Comme il était souvent malade
Sa santé n'était pas très bonne.

CM2, dystique non rimé

Avant d'être militaire, M. de la Palice n'était pas soldat (...).

CM2, Valanciennes

L'exercice se corse dès qu'il est question de raconter une histoire à raison d'une « lapalissade » par phrase, parce qu'on refusera les redites.

Le chat botté qui portait des bottes

Un meunier mourut en perdant la vie. Ses trois fils étaient ses enfants. Il leur laissa ce qui restait après sa mort. Le premier reçut le moulin qui était un bâtiment avec de grandes ailes pour moudre le grain. Le second reçut l'âne qui était un bourricot. Le troisième (...).

CM2, région d'Auxerre

Une agrammaticalité fréquente, hélas !, dans les productions des enfants : l'abus d' « alors ». Queneau s'y est attaqué dans *Exercices de style :*

Alors l'autobus est arrivé. Alors j'ai monté dedans. Alors j'ai vu un citoyen qui m'a saisi l'œil. Alors j'ai vu son long cou et j'ai vu...

Or donc, nous demanderons aux enfants de narrer une histoire avec « alors » à chaque phrase. Nous les supprimerons ensuite :

Un cauchemar

Alors je me suis mis à flotter. Alors j'étais dans un couloir et je voyais des tableaux aux murs. Alors une porte s'est ouverte. Alors un cheval m'a couru après. Alors j'ai couru et je suis sorti de la maison. Alors j'étais dans la forêt. Alors il faisait nuit et j'entendais (...). 6e, Limoges

Les jeux d'agrammaticalité sont plus nombreux que les possibilités d'erreurs portant sur la grammaire, la conjugaison, les tournures de phrases.

Résumé de l'histoire de la baleine, dont j'ai parlé précédemment :

Un jour, une baleine arrivit dans la Moselle.
Elle heurtit le pont des Maures à Metz.
Elle se blessit au flanc gauche (...). 5e, Metz

Le conditionnel, en forme d'article journalistique :

Des troubles se seraient produits, paraît-il, au Zurkistan. Il y aurait, paraît-il, encore une trentaine de morts. Ce seraient les Zurkites qui se seraient révoltés contre les Gloussodes qui (...). 6e, Limoges

Le futur — on pourra évidemment décrire la vie des hommes dans cent ou mille ans, mais il sera plus amusant de rédiger des prédictions en vers à la façon de Nostradamus, de deux ou quatre vers :

A *Paris dans cent cinquante ans*
U*n jeune homme viendra d'Afrique,*
I*l sauvera la république*
E*t deviendra le président.*

5e

On jouera à deux à l'impératif — notez l'ordre alphabétique :

A*ttachez vos ceintures! / dit le boulanger.*
B*ranchez vos écouteurs! / dit le maître-nageur de la piscine.*
C*essez de faire les idiots! / dit Madonna (...).*

CM2, Valenciennes

et au participe présent :

E*n sautillant dans la cour, / le médecin soignait les malades.*
L*a chanteuse chantait un air d'opéra, / en se rasant avec un rasoir électrique...*

On pourrait encore demander un participe présent par phrase et produire une histoire collective:

L*a princesse se tenait à sa fenêtre en respirant une fleur. Un chevalier arriva à cheval en chantant une chanson. Il s'arrêta au pied de la tour en saluant la belle princesse. Il lui dit bonjour en faisant la révérence. La princesse sourit en lui lançant la fleur (...).*

CM, Paris

On peut travailler tous les temps
et on peut travailler tout le temps
et on peut travailler
par tous les temps.

Voici un dialogue. Un joueur ou une équipe pose des questions (forme interrogative), l'autre répond en faisant alterner phrase déclarative positive et phrase négative :

« *Monsieur ***, vous jouez de combien d'instruments ?*
— (décl. pos.) *Je joue de six instruments.*
— *Quel est votre instrument préféré ?*
— (nég.) *Je n'ai pas de préférence (...).* »

CM, Fougères

On pourrait aussi exiger que chaque réponse comporte une phrase déclarative et une négative :

« *Monsieur ***, vous jouez de combien d'instruments ?*
— *Je joue de six instruments. Mais je n'en joue pas en même temps.*
— *Quel est votre instrument préféré ?*
— *Je n'ai pas de préférence. Mais j'adore le violon...* »

CM, Fougères

A propos de la forme négative :

...On me dit que pendant ma retraite économique il s'est établi dans Madrid un système de liberté sur la vente des productions, qui s'étend même à celle de la presse; et que, pourvu que je NE parle en mes écrits NI de l'autorité, NI du culte, NI de la politique, NI de la morale, NI des gens en place, NI des corps en crédit, NI de l'Opéra, NI des autres spectacles, NI de personne qui tienne à quelque chose, je puis tout imprimer librement, sous l'inspection de deux ou trois censeurs.

Beaumarchais, *le Mariage de Figaro*

Nous ne sommes pas des élèves de primaire, ni des lycéens, mais des collégiens en classe de 5e. Nous n'avons pas lu de bandes dessinées, ni d'encyclopédies, mais vos livres. Nous n'avons pas étudié l'influence du climat sur la récolte des petits pois en Europe (...).

5e, Lens

On pourrait, dans la foulée, aborder la prétérition à la façon de nos chers élus :

Je ne vous parlerai pas mes chers compatriotes des problèmes de notre pays

que vous connaissez tous : le chômage,
la récession, l'inflation, l'immigration,
les impôts, le logement,...

Mais revenons aux verbes.
Les enfants proposeront des phrases montées sur deux ou trois verbes chacune.

La sorcière criait, gigotait et courait dans tous les sens. Elle attrapa son grand balai, monta dessus et s'envola. Elle volait au-dessus des toits, surveillait les gens dans la rue et cherchait quelqu'un (une proie). Soudain, elle vit une petite fille qui sortait de chez elle et qui (...).

CE2

Jetez donc un coup d'œil sur cette réussite, envoyée par une classe de 5e : trois verbes par alexandrin, et l'on notera que les verbes se suivent en ordre alphabétique à chaque vers !

Le cheval avançait, bronchait et se cabrait.
Le cavalier criait, dansait et s'énervait.
La pluie battait, crachait et l'eau dégringolait.
Les nuages passaient, se quittaient, revenaient.
La lune apparaissait, brillait ou se cachait.
La forêt frémissait (...).

Je soupçonne le professeur d'avoir beaucoup aidé les élèves ! A cause de la règle en tout cas, on obtient un ralentissement détaillé de l'action. L'exercice sera tout de même plus abordable en demandant seulement deux verbes par vers. On pourrait commencer par chercher des vers d'auteurs où figurent deux verbes ou trois verbes.

Au seul son de sa voix la mer fuit, le ciel tremble.

Racine

Je me jette au-devant du coup qui t'assassine

Corneille

Le duel reprend. La mort plane, le sang ruisselle.

Hugo

Fais le bien, suis les lois et ne crains que les dieux.

Voltaire

Et si nous cachions un mot derrière les verbes ? Pour cela, on composera une phrase comportant autant de verbes que le mot compte de lettres, ces lettres étant également les premières de chaque verbe. Exemple :

***sac** : le géant **s**ouleva le tronc d'arbre, **a**rracha les racines de la terre et **c**assa les branches.*

CM1

On peut dissimuler le message dans plusieurs phrases suivies. Nous aurons une pensée pour la forme pronominale, vu le peu d'empressement spontané manifesté par les élèves pour celle-ci. Premier jeu : user de verbes pronominaux en ordre alphabétique :

*Quand le maître s'**a**bsente, les enfants s'amusent.*
*Le bébé se **b**lottit dans les bras de sa mère.*
*Le cheval se **c**abre devant la barrière (...).*

6e, banlieue de Paris

Deuxième jeu : rédiger un texte en usant d'un verbe à la forme pronominale par phrase.

***Le** garçon ne se plaisait pas chez lui parce que ses parents se disputaient tout le temps. Il se décida à partir. Il s'en alla sur la route. Il s'assit sur le bord pour faire du stop. Mais il s'aperçut (...).*

CM2, Paris

Il ne sera pas inutile de fournir une liste des principaux verbes ne se rencontrant **que** sous la forme pronominale avant de s'amuser à des détournements :

Le matin, mon cousin s'embrasse pour se dire bonjour.
Le garçon se bat contre son ombre.
Le chien se court après dans le jardin.
Le manchot s'accoude au balcon (...).

6e

Voici un jeu amusant pour l'étude du genre des noms. Écrire en plaçant l'article ou l'adjectif possessif féminin devant le nom masculin et vice versa :

Il faut dire le vérité. Une garçon qui mentait a été attrapé par son mère. Il disait que c'était sa frère qui avait croqué le tablette de chocolat posée sur le table de le cuisine (correction : du) *alors que c'était lui la coupable. Son mère a compris qu'il mentait puisqu'il avait (...).*

CM1, Châteauroux

Par un CE2 de Paris, mais avec une règle différente. Alterner obligatoirement le genre des noms en rédigeant l'histoire :

Le chat a vu une souris dans le grenier. La souris rentra dans son trou. La maîtresse du chat arriva avec une casserole. Elle frappa le chat une fois sur le dos et une fois sur le ventre. Elle le prit par la queue (...).

Ne nous attardons pas sur l'histoire. Ce qui compte, c'est que la recherche des enfants s'élance dans une direction, et revienne en arrière, incurvant sa trajectoire à cause de la contrainte instaurée sur le genre des noms.
Rappelons pour la forme qu'un grand nombre de mots sont de genre masculin **ou** féminin, et que d'autres sont bisexués !

Dernier jeu : l'abus de parenthèses. Le maître de ce jeu, Raymond Roussel, multiplia les parenthèses de parenthèses dans *Nouvelles Impressions d'Afrique.* Avec les enfants, contentons-nous de proposer au départ l'emploi d'une parenthèse par phrase :

Nous sommes allés avec la classe à Paris (capitale de la France) voir le Louvre et la tour Eiffel.

Compliquons en réclamant une parenthèse par phrase dans un texte d'auteur. Ici, Prévert, (parenthèses des enfants) : *l'Autruche.*

*Lorsque le Petit Poucet (**celui du conte de Perrault**) abandonné dans la forêt (**un vaste ensemble d'arbres**) sema des cailloux pour retrouver son chemin (**puisque ses parents l'avaient perdu dans les bois**), il ne se doutait pas qu'une autruche (**grand oiseau d'Afrique**) le suivait et dévorait les cailloux un à un (**ces bêtes-là mangent n'importe quoi**) (...).*
CM2, Caen

Par une autre classe de 6e, voilà *le Petit Prince* affublé de parenthèses de parenthèses — avec recours au dictionnaire, et écriture progressive au tableau pour visualiser les ouvertures et les fermetures symétriques : attachez vos ceintures !

J'ai ainsi vécu seul, sans personne avec qui parler véritablement, jusqu'à une panne dans le désert du Sahara (ce désert immense ((il s'allonge sur 4 000 km de l'Atlantique (((vaste océan entre l'Europe et l'Amérique))) jusqu'à la mer Rouge (((située sur la côte est de l'Afrique))) et sur 1 600 km du pied de l'Atlas (((qui est une longue montagne ((((le point culminant se trouve au djebel Touhkal (((((4 165 m))))) dans le Haut-Atlas))))) formée de plusieurs chaînes))) à une ligne joignant Saint-Louis à Khartoum)) est affreusement sec), il y a 6 ans.
Ouf !

On demandera enfin aux enfants de produire eux-mêmes un texte à raison d'une parenthèse de parenthèse par phrase :

Il était une fois un garçon qui était très pauvre (il y a des gens qui n'ont pas d'argent ((même en France)) parce qu'ils n'ont pas de travail) et qui ne pouvait même pas s'acheter un manteau. L'hiver (en France il y a quatre saisons ((l'hiver est la plus dure car il gèle)) puisque nous sommes dans le climat tempéré), il avait très froid. Alors ses copains (ceux de sa classe ((sans lui en parler, évidemment)) tous ensemble) décidèrent de faire quelque chose ...

J'abrège. Suivait une histoire de quête en ville, les enfants vendant des dessins pour acheter un manteau à leur camarade. *(Happy end)*.

11

LES JEUX SUR LES MOTS

Petit historique impossible

Les jeux sur les mots foisonnent : calembour, homophonie, contrepet, mot-valise et mot contracté, énigme et devinette, comble, anagramme, charade, rébus, marabout, phrase abécédaire, mot incrusté ou mot gommé, j'en passe.
Le nom, le surnom, le sobriquet, sont d'excellents tremplins. On n'a pas oublié les *Capitaines Riflandouille* et *Tailleboudin* de Rabelais.

Le calembour remonte à l'invention du langage, et se base sur la différence de sens de mots homophones ou presque.
Un des plus anciens du monde occidental serait de Jésus, déclarant à Pierre : *Tu es Pierre et sur cette pierre, je bâtirai mon église.*
Marot *(Imitez de Marot l'élégant badinage,* plus facile à dire qu'à faire, Monsieur Boileau !) :

B*ref, c'est pitié, entre nous rimailleurs,*
C*ar vous trouvez assez de rime ailleurs,*
E*t quand vous plaît, mieux que moi rimassez,*
D*e biens avez et de la rime assez.*

Rabelais :

Le service divin et le service du vin paronomase

Le marquis de Bièvre (mort en 1789 !) :

Lettre écrite à Mme *la Comtesse Tation par le sieur de Bois-Flotté, étudiant en droit-fil,*

invente un certain nombre de noms cocasses :

l'abbé Quille, par exemple. Il est aussi l'auteur de *l'endroit des six ifs.*

Si, selon Hugo, l'humour est :

La fiente de l'esprit qui passe,

alors l'esprit a beaucoup fienté, heureusement.

Un ministre de Louis XIII fut surnommé « Robinson » parce qu'il était entré chez le roi qui attendait sa maîtresse : on « l'avait cru Zoé » !

Un des plus populaires calembours fut lancé par l'almanach Vermot en 1896 :

Comment vas-tu Yau de Poêle ?

Tout à fait parent des Laurent Bart, Tony Truand, Mac Larinett, le marquis de Saint-Gapour, l'abbé Chamel, etc. d'A. Allais !

Et puisque nous sommes dans les noms, ajoutons ceux de P. Dac :

Guy Landneuf, Hégésippe Hippoura,

et celui que T. Bernard conseillait à une jeune actrice qui se cherchait un nom :

Maud Cambronne !

Et le jeu des faire-part, vous connaissez?

M. et Mme Térieur ont le plaisir de vous faire part de la naissance de leurs jumeaux Alain et Alex …

Quelques calembours fameux : Commerson :

Mieux vaut aller hériter à la poste qu'à la postérité.

Willy, à propos d'Othello :

Une tempête dans un Verdi.

A propos de la musique de Tchaïkovski :

Je cronstadt que cette moujik a ramassé une verste; il n'y a caviar le public!

Breffort :

Un peu d'Eire, ça fait toujours Dublin.

Cocteau :

Odile rêve au bord de l'île,
Lorsqu'un crocodile surgit;
Odile a peur du crocodile
et, lui évitant un « ci-gît »,
Le crocodile croque Odile (…)

Prévert :

Le duc de Guise qui se déguise en bec de gaz.

Aragon :

Au biseau des baisers. (paronomase)

G. Vidal écrivit un petit livre truffé de jeux de mots et intitulé *le Cas Lambourg* :

Un lange passa sous le signe du berceau lorsque naquit Lambourg de paire inconnue…

Aujourd'hui, les auteurs n'hésitent pas à faire des titres à base de calembours ; tels M. Ohl :

Entre devins ;

L'art du contrepet est un peu moins vieux. Le premier livre consacré à ce jeu qui consiste à permuter des lettres ou des syllabes afin d'obtenir un effet grivois, fut écrit par Étienne Tabourot, l'année de la Saint-Barthélemy :

Il le dit à deux femmes.

Avant lui, Rabelais déjà :

Femmes folles de la messe.

Après lui, Duchamp, Desnos, Vitrac, Leiris...

B. Péret :

Les rouilles encagées. (titre)

Thirion et Ziegelmayer :

J'ai engagé une bonne pour secouer les mites de mes habits.

L. Étienne :

L'affreux Brutus est entré dans les annales.
Le général est arrivé à pied par la Chine.

L. Perceau :

Votre père a l'air mutin.
Le tailleur est submergé sous les amas de patentes.

Plus prospère est incontestablement le mot-valise. Inventé par Lewis Carroll, il se fabrique en croisant deux mots phonétiquement proches, ou en utilisant une partie commune en guise de liaison.

Exemple, par une élève douée :

Médicamembert : remède normand.

On peut encore faire du mot contracté.
Exemple par A. Finkielkraut :

Camembour : style de blague qu'on aime bien faire entre la poire et le fromage.

Le mot contracté fut développé jusqu'à l'indigestion par J. Joyce dans *Finnegan's wake,* pratiquement intraduisible. (Mais le poète Du Boucher s'y est risqué !)

Les jeux d'énigmes et de devinettes sont beaucoup plus anciens. On connaît celle du sphinx :

Qui est-ce qui marche à quatre pattes le matin, à deux pattes le midi, à trois pattes le soir ?

L'énigme a surtout fleuri aux XVIe, XVIIe et XVIIIe siècles. Elle apparaît en France avec un recueil d'Alexandre Sylvain (1582). Beaucoup d'écrivains, sollicités ou non, s'amusèrent à en composer.

Tabourot (l'homme des contrepets) :

Si j'étais ce que je suis, je ne serais pas ce que je suis.

Voltaire :

Quelle est la chose que l'on reçoit sans remercier, dont on jouit sans savoir comment, que l'on donne aux autres quand on ne sait où l'on est, et que l'on perd sans s'en apercevoir ?

Rousseau :

Enfant de l'art, enfant de la nature,
Sans prolonger les jours, j'empêche de mourir ;
Plus je suis vrai, plus je fais d'imposture,
Et je deviens trop jeune à force de vieillir. (le portrait)

L'anagramme ne date pas d'hier non plus. Il consiste à obtenir un mot ou un ensemble de mots à partir des lettres d'autres mots combinées autrement. Par exemple : *trou normand* devient *dur, ton roman.*

Dans l'antiquité, l'anagramme avait un caractère magique. Depuis, on s'en est servi pour déjouer la censure. François Rabelais s'est métamorphosé en *Alcofribas Nasier* ; Arouet L. J. en *Voltaire*. On s'en amusa : Boris Vian donna *Bison Ravi* ; Raymond Queneau *Rauque Anonyme*. On l'utilisa pour ironiser, Breton baptisant Salvador Dali *Avida Dollars*.

Un as de l'anagramme (et des mots croisés), Michel Laclos, proposait aussi des titres de romans et les noms de leurs auteurs modifiés : *Jules Tapanarre*, auteur de *le Naseau* (On aura deviné J.-P. Sartre, auteur de *La nausée*.), et *Françoise-Line de Ludin, Mardi crotté* (L.-F. Céline, *Mort à crédit*).

La charade non plus n'est pas de la dernière pluie. Elle connut la célébrité aux XVIIIe et XIXe siècles. Hugo lui-même :

J'achète mon second avec mon premier
Pour le voir à la fin mangé par mon entier. (souris)

La charade ressemble à la devinette. On découpe un mot en parties présentant chacune un sens — ou un sens piégé s'il y a en prime calembour. Il s'agit de faire deviner ce mot grâce aux définitions des parties appelées mon premier, mon second, etc. Voltaire :

Mon premier est une voiture. Mon second voiture. Mon tout est une voiture. (Car/Rosse : Carrosse)

Les plus difficiles sont les charades à tiroirs. Fonctionnant décidément sur l'à-peu-près, elles sont presque impossibles à élucider. En voici une par Robert Boudet :

Mon premier est un soldat qui fuit le champ de bataille.
Mon second est une lettre d'injures.
Mon troisième aime se faire battre.
Mon quatrième en vaut dix.
Mon cinquième, c'est se geler sans en avoir l'air.
Mon tout est le Sésame des contes de fées.
(Il é tête une foid)

Explication :

Mon premier c'est « il » parce que « île déserte ».
Mon second c'est « é » parce que « eh va donc ! ».
Mon troisième c'est « tête » parce que « tête à claques ».
Mon quatrième c'est « une » parce que « une de perdue dix de trouvées ».
Mon cinquième c'est « foid » parce que « froid » sans ***r****.*

Proche de la charade, le rébus : il s'agit d'une suite de signes, lettres, dessins disposés de manière à produire un message souvent phonétique.

Ses ancêtres : les armoiries des chevaliers ?
Quoi qu'il en soit, les premiers rébus écrits et publiés au XVIe siècle ouvrirent la porte au jeu qui connut le succès jusqu'au XIXe siècle, époque à laquelle de grands dessinateurs comme Granville, Johannot, Cham, s'y consacrèrent volontiers.

Une curiosité : dans le *Rébus sur les misères de la France*, Agrippa d'Aubigné combine texte et images. Voici le début, transcrit :

Qui veut (dessin d'un dé) (dessin d'un pain) dre au vif (note de musique : la) (dessin d'un miséreux) (dessin : La France), (dessin d'un peigne) un (dessin d'un navire) à (note de musique : la) mercy (dessin de 3 dés) (dessin des flots). »
Traduction : *Qui veut dé-pain-dre au vif la pauvre France*
Peigne un navire à la mercy des flots,
etc.

On connaît le billet d'invitation adressé par Frédéric le Grand à Voltaire :

A 6 heures, $\frac{P}{A}$ *à* $\frac{6}{100}$ *A 6 heures, A sous P à 100 sous 6.*

Notons que le procédé utilisé par Agrippa d'Aubigné fut repris par Lewis Carroll dans sa correspondance — en y incluant des jeux de mots — « *deer* » pour « *dear* » par exemple.

Et le jeu de marabout, me direz-vous? Gainsbourg en fit une chanson :

Y'en a marre, marabout, bout d'ficelle, c'est la vie, vie de chien, chien de temps, tant qu'à faire, faire les cons, qu'on se marre, marabout,...

Autre jeu d'importance : la phrase abécédaire.
Ce jeu propose une réforme radicale de l'orthographe puisqu'il se flatte d'écrire les mots comme on les entend en faisant référence aux lettres. Ainsi, NRJ (publicité non payée) se lit Énergie, FMR se lit Ephémère. Voici un poème d'Alexandre Flan, de 1855 :

Le télégraphe aérien DCD :

*Tout se dit avec l'**ABC***
*L'**ABC** partout **FET***
*Longtemps par le sort **KOT**,*
*Nous cesserons de **VGT** (...)*

Quand on saura que Verlaine y mit son grain de sel, mais que le plus doué sur ce terrain, on s'en serait douté, fut A. Allais, on saura presque tout. Voici le début d'un roman, pour économiser le papier et les frais d'impression :

***A** i d k n n é o p i d i n é l i a é t l v.*
***H**aydée Cahen est née au pays des hyènes et elle y a été élevée.*

Les surréalistes pratiquèrent le jeu. En 1910, Duchamp peignit des moustaches à la Joconde avec ce titre choquant : *LHOOQ*, et Desnos consacra ce poème à l'hôpital Sainte-Anne :

— *Sœur Anne, ma sœur Anne, que vois-tu venir vers Sainte-Anne?*
— *Je vois les Pan* **C**
— *Je vois les crânes* **KC**
— *Je vois les mains* **DCD**
— *Je les* **M**... *(...)*

Un petit verre de Sacha Guitry?

Monsieur, je suis très **OQP**
Et maintenant j'en **É AC**
*Vous m'ennuyez, vous m'***NRV**
*Vous m'assommez, vous m'em***BT**.

La poétesse Louise de Vilmorin préféra écrire en musique :

La mi do si la mi la... (L'ami docile a mis là...)

Un autre jeu abécédaire se présente comme un défi : raconter une petite histoire au moyen de lettres, avec explications intermédiaires. Pouchkine l'a fait, Pérec a repris le flambeau :

Acte I

« La scène se passe dans la cour du couvent de H., en Transylvanie supérieure à la fin de la Première Guerre mondiale.
Le Capitaine Vainqueur a été chargé par l'État-Major de la Première Division d'Infanterie Légère de recruter des filles pour un Bordel Militaire installé au Pecq à l'usage des permissionnaires et convalescents de la Région parisienne.
Il demande à la Supérieure du couvent de lui donner ses nonnes, la menaçant, si elle refuse, de faire fusiller quinze otages. Le Capitaine Vainqueur
(dans un dernier appel
à la bonne volonté de l'Abbesse)
Abbesse! Aidez! (A B C D) (...)

Je ne voudrais pas clore le débat sans mentionner le jeu des gros mots gommés :

Soyez déférent avec les agents du fisc, conseille M. Chrestien. *Dites Monsieur Cepteur. Ou, si vous votez à gauche,Camarade Cepteur. Ne dites pas le percepteur.*

Ou le jeu des mots incrustés, qui consiste à cacher un mot dans une phrase, et qui fit fureur au début du siècle au *Chat noir.* L'inventeur en serait Pierre Izambard, le fils du professeur de Rimbaud. Exemple :

*La bosse est u**n abus qu'au dos nos or**thopédistes devraient bien lui enlever.*

En classe

Le jeu de mot-valise que j'associe indistinctement au mot contracté, et même au calembour, drague une large recherche : vocabulaire, dictionnaire, syllabes sonores, orthographe, esprit. Les enfants d'ailleurs produisent volontiers des mots-valises de mauvaise qualité. Il faut les inciter à travailler sur des mots longs, au moins trois syllabes, avec une partie centrale commune solide. Refusez l'association approximative d'un **e** sonore et d'un **e** muet. Vous obtiendrez des mots piquants; le plus difficile viendra alors, leur trouver une définition assortie ou un dessin légende sans redondance.

Alligatorrent : un crocodile qui verse de grosses larmes.
Mercredinosaure : un jour de congé préhistorique. (...) 6e, Bernay

Hibouquin : oiseau de nuit instruit.
Maquereaubespierre : poisson révolutionnaire. (...) CM1, Paris

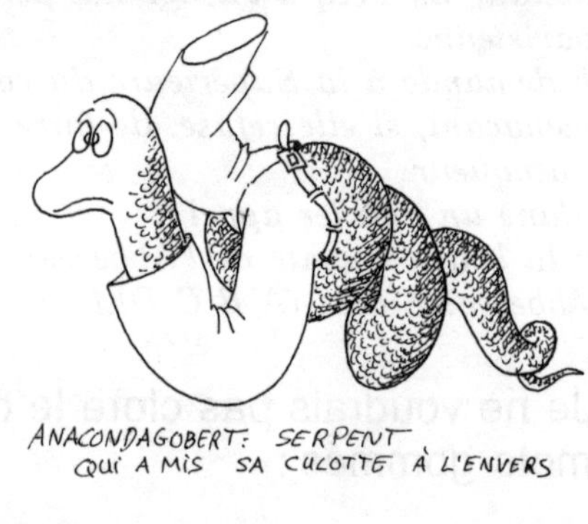

ANACONDAGOBERT : SERPENT QUI A MIS SA CULOTTE À L'ENVERS

Le plus difficile est la définition. Elle ne doit en aucun cas répéter un des mots constitutifs du mot-valise, et oblige à recourir à des synonymes ou à des catégories différentes.

Demandons aux enfants d'imaginer une histoire de l'animal étrange obtenu. Ainsi une 5ᵉ :

***Diplodauguste :** à l'époque préhistorique, la terre était peuplée de grands animaux reptiles qui se traînaient par terre tristement. Un jour, l'un d'eux se mit à faire des galipettes. Alors tous les autres diplodocus éclatèrent de rire. Ils dirent que leur camarade faisait le clown et l'appelèrent Auguste. D'où le nom de sa famille depuis ce temps-là : les diplodaugustes. Ce sont des reptiles du secondaire qui font rigoler les dinosaures.*
***Hippopoténuse** : C'est l'hypoténuse d'un très gros triangle. (...)*

Voici, par une classe de 6ᵉ (banlieue de Charleville) un rêve imaginé à partir d'un mot-valise obligatoire par phrase. Le mot-valise permet à l'histoire de rebondir en dérive, empêchant ainsi l'imagination de s'enliser dans toute projection de départ :

*J'ai rêvé que je courais dans une **piscinéma**. Je me suis mise à **flottéléphoner** à mon père mais la ligne était occupée. Après, je montais un escalier en **torticolimaçon** et j'avais mal à la tête. J'ai vu qu'un **éléphantôme** me poursuivait en hurlant. J'ai traversé la **muraille de chemin de fer** (...)*

Autre rêve collectif, par un CM de Paris. La consigne plus précise était que tous les mots-valises soient « dessinables », de manière à bien baliser la piste à suivre pour dériver :

J'ai rêvé que j'allais dans le futurlututu. J'ai dansé avec une princesse blonde qui avait une robe doréfrigérateur. Je me suis retrouvé au pôle Nord face à face avec un ours blanc et son oursonge. (...)

On essaiera de détourner une fable (comme je le fis pour *La Cigalipette et la Fourmilitaire*) en travaillant et le rythme, et la rime, et — surtout — la chute, à la façon de la fable express.

On pourra demander aux enfants d'inventer des mots-valises (et définitions) sur thème et par ordre alphabétique :

— animaux
mérouvingien : vieux poisson
— métiers
fanfarmacien : soigne les malades en musique
— fleurs, fruits, arbres
platananarive : arbre malgache
— objet, outils, instruments
trompetersbourg : instrument russe
— géographie (villes, pays, etc)
Lisbonne-à-tout-faire : capitale des femmes de ménage.

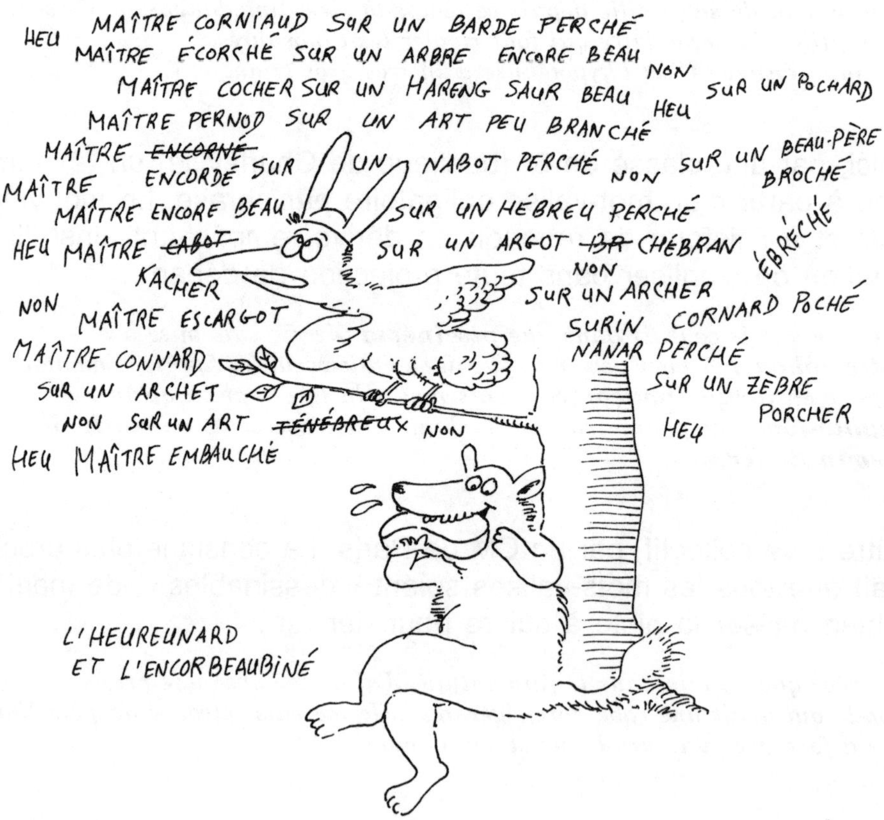

Lorsqu'il se pratique sur noms et prénoms, le mot-valise débouche sur le calembour. Faites donc connaissance avec ces personnages dus à un CM2 d'Arras, une ville où on est *arrassasié* quand on y a bien mangé :

Aude Source, pharmacienne
Nelly Coptère, aviatrice
Lydie Moitou, voyante
Sabine Hette, jardinière
Eddy Nosaure, paléontologue (...)

Si le calembour à base de noms et prénoms est amusant, celui à base de noms de rues, places, boulevards, villes, pays, ou professions ou titres, ne l'est pas moins :

La rue Stine, la tour Terelle, le boulevard Icelle, la rue Minant, l'impasse Tèque, l'avenue d'Iste, le comte Haibon, la princesse Elfeu, le député Léfone, le général Antir, le capitaine Isman', le colonel Oulacuisse...

CM2, Mâcon

Ce dernier débouche sur un jeu de cortège :

Monsieur le baron Chonneur avec la comtesse Tament,
Monsieur le boulanger Ologue avec la présidente Ition,
Monsieur le boucher Hérazade avec l'avocate Astroff (...)

Voici enfin des phrases en rapport avec le personnage, l'emploi du dictionnaire était autorisé :

Le boulanger Néral donnait des ordres à sa femme.
Le chauffeur de taxilophone jouait de la musique sur son avertisseur.
La fleuriste Oir de France vend ses fleurs pour fêter les guerres (...)

Jeu qui conduit tout droit au faire-part

Monsieur et Madame Chope ont la joie de vous annoncer la naissance de leur fille Kate. (Kate Chope/Ketchup) (...)

M. et Mme Dustri ont le plaisir de vous faire part du mariage de leur fils Alain avec Mlle Déborah Tatiné (...)

M. et Mme Hacheval ont la douleur de vous faire part du décès de leur mère Jennifer survenu à Œuf-sur-Plat le 5 juillet 1991 en sa quatre-vingt-dix-neuvième année (...)

CE2, Paris

N'allons pas jusqu'à demander aux enfants
de rédiger des épitaphes,
car ce n'est pas chose aisée :

***P**assant, ne fais ici de bruit,*
***G**arde que ton pas ne l'éveille*
***C**ar voici la première nuit*
***Q**ue le pauvre Scarron sommeille!*

Scarron

Mais saura-t-on (laveur) jamais ce que
les enfants seraient capables
de produire sur ce thème ?
Une enfant de 6ᵉ m'a fait parvenir ce poème :

***J**e ne suis plus là c'est fini.*
***V**ous ne me reverrez jamais.*
***T**out le monde meurt, c'est ainsi.*
***P**ensez à moi si vous m'aimez.*

J'ai parlé du mot-valise à partir de noms, entraînant parfois l'invention de surnoms. On s'amusera à en faire faire aux enfants, mais les non-gratuits, à valeur de « portrait » seront rares, et il y aura moins de

***B**érésinapoléon : empereur qui avait des problèmes,*
ou ***S**céléravaillac : assassin d'Henri IV*
que de ***M**itterrandouille*
ou ***G**iscarnaval.*

On laissera passer les scories, pour
exiger une définition-commentaire,
en prenant pour cibles camarades,
professeurs, célébrités vives
ou défuntes, et aussi la publicité.

Présidentifrice : *le camembert qui donne la bonne haleine.*
Jean de Plafondtaine : *il s'occupait des bêtes parce qu'il en avait dans le plafond (!) (...)*

6ᵉ, Nord

La charade aussi sera fort utile, puisqu'il s'agit de reconstituer un mot à partir d'éléments. Les jeunes élèves opéreront spontanément d'ailleurs sur un découpage en syllabes.

Mon premier c'est ce qu'on fait quand on est pressé.
Mon deuxième est le contraire de rapide.
Mon troisième c'est ce qu'on a quand on est énervé.
Mon tout est un océan. (Hâte-lent-tic.) (...) CE2

Dans cet exemple, les enfants ont su se dégager du moule des syllabes. Voici un autre exemple, traité par deux élèves de CE2 du même âge ; l'un est resté inféodé à la décomposition syllabique, l'autre pas :

Mon premier est le cinquième mois de l'année.
Mon second est le verbe dire au présent.
Mon troisième est une boisson.
Mon quatrième est un rongeur.
Mon cinquième est une partie de la figure.
Mon tout est une mer. (Mai-dit-thé-rat-nez.)

Mon premier c'est ce qu'on fait quand on pense.
Mon second c'est notre planète.
Mon troisième dure 365 jours.
Mon tout est une mer au sud de la France. (Médite-terre-année.)

Pourquoi ne pas procéder maintenant collectivement, après accord sur le mot et ses décompositions, à l'écriture rythmée, puis rimée de la charade ? Voici par un CE2 de Paris :

Mon premier vole dans les bois.
Mon second est sur mon visage.
Mon troisième n'est pas content.
Mon tout est un chef militaire. (Geai-nez-râle)

Évidemment, la charade à tiroirs n'est pas à la portée d'enfants. Mais le travail sur le mot-valise peut trouver un débouché dans le jeu de charade, comme en témoigne cette production

Mon premier est un prénom tunisien.
Mon second est le contraire d'une fille.
Mon troisième est le contraire de raison.
Mon quatrième est le verbe piller au présent troisième personne du singulier
Mon tout est un reptile sous l'eau. (Ali-gars-tort-pille.)

Plus fin : réclamer que la définition comporte autant de mots que la partie a de lettres. Exemple, d'un CM :

Mon premier : ***est un oiseau*** (3 mots parce que le mot solution, **Pie** comporte 3 lettres)
Mon second : ***est un poisson plat*** (4 mots parce que : ***raie,*** 4 lettres)
Mon troisième : ***sert à respirer*** (3 mots parce que : ***nez,*** 3 lettres)
Mon tout : ***est une grande chaîne de montagne de la France*** (8 mots parce que : ***pyrénées*** comporte 8 lettres.)

Le jeu oblige les enfants à rechercher d'autres définitions que les définitions spontanées. Ainsi la définition *« sert à respirer »* a-t-elle remplacé « *partie de la figure* », définition de départ.

Naturellement, les enfants connaissent beaucoup de « combles » et les citent volontiers.

Le comble du jardinier c'est de se mettre tout nu devant ses tomates pour les faire rougir.

Et par Jules Renard :

Le comble du patriotisme : fuir un ciel bleu de Prusse.

Il est plus difficile de leur en faire imaginer, mais ils y parviennent, une fois compris le jeu de surenchère dans l'exagération. Voici, sur des propositions, par des CE1-2 :

Le comble du marin ? C'est de grimper tout en haut du mât du bateau et de faire le cochon pendu pour essayer d'avoir le mal de mer.
Le comble du médecin ? C'est de prendre des médicaments pour se rendre malade afin de se soigner lui-même. (...)

La devinette. Les enfants en connaissent beaucoup, qu'on écartera. Il faut qu'ils inventent, soit à partir d'une caractéristique de l'objet à identifier, soit à partir de généralités qui le concernent — sans omettre le sens figuré. Un exemple classique :

Qu'est-ce qui tourne sans tourner ? Le lait.

Voici par des élèves de CM à Cherbourg :

Qu'est-ce qui se presse sans se presser ? Le citron.
Qu'est-ce qu'on prend sans la prendre ? La porte.
Qu'est-ce qu'on prend sans la prendre ? La fuite (...)

Les jeux d'homophonie feront travailler la syllabe et le son.

Notre Père

Notre Père quiète, ô yeux !
Que votre « non » soit sang (t'y fier)

Que votre araignée rie,
Que votre vol honteux soit fête (au fait) (...) Desnos

Dans un premier temps, rechercher avec les enfants des mots de sens différent mais homophones ou de sons proches; faire des phrases en cultivant l'erreur. Exemple :

« Ver, verre, vert, vers » :
J'ai bu un grand vers de Lamartine.

Jouer de la confusion, et demander autant de phrases que de mots rapprochés dans la phase préparatoire. Exemple :

« Cou, coup, coud » :
La couturière a noué un foulard autour de mon coud. La girafe a reçu un cou de pied. Ma mère coup une boutonnière à ma chemise.

Chercher ensuite le plus d'homophonies, ou homophonies approximatives dans un texte, à la façon de Roussel. Pour écrire :

le Poète et la Moresque,

R. Roussel partit en effet de :

J'ai du bon tabac dans ma tabatière, qui devint
Jade tube onde aubade en mat (objet mat) à basse tierce, puis
Tu n'en auras pas fut transformé en *Dune en or a pas (a des pas),*

Roussel se servait ensuite des mots obtenus pour écrire à base de logorallye.
Voici quelques débuts de lettres d'une 5e de Lens :

Chair Monsieur,
Par sept présente, geai l'honneur deux vous inviter dent notre court deux français...
A faim deux me père maître d'eux mieux vous connaître, geai le plaisir d'œufs vous un vie thé au colle ai-je... (...)

L'intérêt de la jonglerie se double évidemment d'un intérêt de recherche vocabulaire, et (mais oui) d'un intérêt orthographique puisque, pour réussir le jeu, il faut dominer son support. Autre intérêt à mon avis : l'entraînement à une décomposition sonore non alignée sur la décomposition syllabique.
On pourra écrire directement, comme ont fait les enfants cités ci-dessus, ou truffer un texte d'auteur — à la manière de Roussel. Voici le début d'un conte de P. Gripari modifié par un CM2. En totalisant les trouvailles, nous obtenons une excellente rampe de lancement pour une nouvelle écriture en forme de logorallye.

Gripari :

Il y avait une fois, dans le quartier des Gobelins, à Paris, une vieille sorcière, affreusement vieille, et laide, mais qui aurait bien voulu passer pour la plus belle fille du monde! Un beau jour (...)

Les enfants :

I lia vêtu nœud foie, dent le car tiède haie gobe l'un, appât riz, hune vieille saucière, affreusement vieille, aile aide, mai qui Aurélien vous lu pas c pour la poubelle file du mont deux! ...

Pour le logorallye, ne pas imposer tous les mots trouvés, mais laisser les enfants en choisir quelques-uns. Voici :

Un matin, Aurélien était vêtu de son jogging rouge. Il fit un nœud à ses lacets de baskets et sortit dans la rue. Il ne prit pas le car parce que la température était tiède. En passant devant un magasin, il vit une vieille saucière jetée dans une poubelle (...)

A partir de cette introduction, peut démarrer un conte à la façon d'Aladin. En fait, le décalage de sons peut stimuler en premier lieu la recherche d'*incipit*.
Le jeu de synonymes d'homonymes est piquant. Pas d'explica-

tions, des exemples avec des CM1 et CM2 de Vitry-en-Charolais :

L'enfant qui se trompait de mots

Il voulait demander : « Je veux un pain de quatre livres. »
Il pensait : « Je veux un pin de quatre livres. »
Mais il disait : « Je veux un sapin de quatre romans. »

Le bateau a jeté l'ancre.
Le bateau a jeté l'encre.
Le bateau a jeté le stylo.

Où es-tu ?
Houx es-tu ?
Gui es-tu ?

Le cheval s'est couché sur le flanc.
Le cheval s'est couché sur le flan.
Le cheval s'est couché sur le dessert.

Les Gaulois habitaient la Gaule.
Les Gaulois habitaient la gaule.
Les Gaulois habitaient la canne à pêche.

Je me souviens de mon maître.
Je me souviens de mon mètre.
Je me souviens de ma règle.

La poule pond ses œufs.
La poule pont ses œufs.
La poule passerelle ses œufs.

Quel mal au ventre !
Quelle malle au ventre !
Quel coffre au ventre !

Mets cent francs dans ta tirelire.
Mets sans francs dans ta tirelire.
Mets zéro francs dans ta tirelire.

L'avion passe le mur du son.
L'avion passe la mûre du son.
L'avion passe le fruit du son.

Autre décomposition : le rébus, qu'il s'agisse du rébus dessiné ou du rébus de lettres-chiffres-notes de musique.

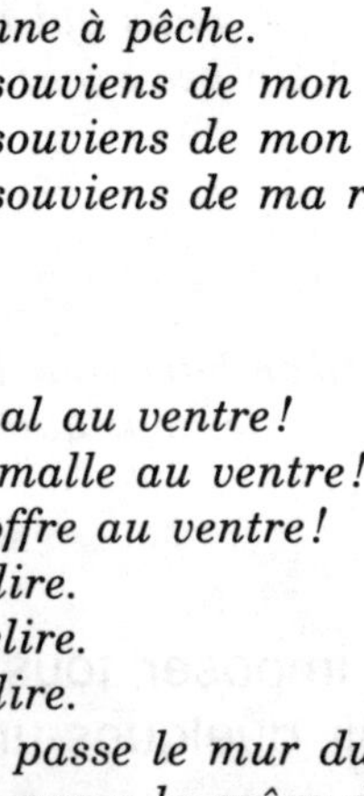

Deux fois le titre du même roman de G. Sand.

La Marot diable / L'amarre au diable.

Voici un rébus dessiné par un enfant dont j'ai refait le croquis :

Pratiqué lors de l'écriture d'un texte, ce jeu oblige à visualiser au maximum la production. Entre plusieurs solutions, les enfants rechercheront alors la plus « dessinable ».

Le travail de la lettre est encore un travail de l'ouïe. Bernard Demers a essayé de reprendre les exercices de style de Queneau avec des contraintes parfois différentes. Celle-ci :

IR PM, GT A VGT dans le KO du S d'la RATP. G vu un AJT, l'R Q et PD, se AT de DKP un AB AG : « vous OQP trop d'R ». L'AB M AC peu. L'AJT SÉde pas CD ni s'ABC, mais OBI sous la HÉ...

On peut demander des phrases aux enfants :

G K C D K 7 *(J'ai cassé des cassettes.)*
G P T Q B C (C'est un classique scolaire.)
G H E T D E (...)

On peut demander aux enfants de remplacer des mots d'un texte écrit par des lettres, chiffres, notes de musique — ou produire un texte nouveau. Voici le texte envoyé par une élève de CM1, qui en a profité pour introduire en outre des homophones et des calembours :

Il é-T une fois une sorcière 1-venteuse.
L vivait dans un chat-tôt immense é L se le-V très tôt pour fer sa potion magique. L é T impatiente et L réPT chaque fois : Abracadabricoleur, Abracadabracelet.
Et puits, après avoir prix sa potion, L allait jeter un saur à tous (...)

Avec des enfants de 6e, nous avons essayé l'acrostiche abécédaire :

ABC *J'ai pensé*
DEF *voler comme un astronef.*
GHI *J'ai mangé du hachis (...)*
YZ *Je n'avais pas besoin d'aide.*

Toujours centrés sur la syllabe, on feindra de trouver immoraux certains mots. Les enfants s'amuseront à chercher des textes à « châtier ». Exemple d'un CM1 :

Tartarin de Tarassidiot
Les sottes de Perrault
Le derrière-ré de derrière-derrière-gran
Idiotan le Barbare (Rappelons le contrepet fameux à propos de ce film : *Conard le Barbant).*

Le détournement de gros mots s'opère au détriment de l'orthographe. Lorsqu'il s'accompagne d'une explication, il est souvent savoureux :

Le kon est un volatile à deux têtes qui perd facilement le nord. On distingue le grand kon, le petit kon et le gros kon, mais tous ces kons sont de la même famille, même le pauvre kon. Le meilleur piège à kon est un téléviseur.

une classe de 5e

Signalons pour mémoire la fausse censure. Lamartine : *Mon *** lassé de tout, même de l'espérance.* Mais inutile de demander aux élèves d'en rechercher, ils les trouvent sans nous.

Pour finir, évoquons le mot incrusté. Ce mot reste caché dans la phrase, et passerait sans doute inaperçu si les caractères typographiques ne le soulignaient pas. Voici un texte d'élève de 4e de La Madeleine écrit par plusieurs enfants :

***C**'était un dimanche matin; Pierre, veuf âgé de 86 ans au teint **mat, yeux** bleus, était installé dans une maison de retraite depuis six ans. **S'il vi**vait là, c'était pour faire plaisir à son fils (...)*

Il y a comme ça deux pages de prénoms cachés.

12

LES JEUX POUR L'ŒIL

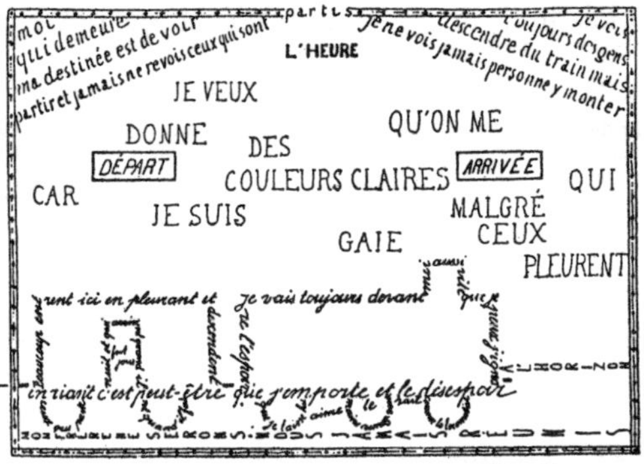

P. Albert Birot
Poésie, 1916-1924. Éd. Gallimard

Sans historique

J'appelle « jeux littéraires pour l'œil » des jeux où le dessin et l'occupation de l'espace par l'écrit sont autant dans le dit que dans le non-dit. Au 1er rang figure le calligramme, qu'Apollinaire (re)mit à l'honneur, mais qui existait depuis belle lurette.
D'Angot de l'Éperonnière (XVIIe), dont tout le monde connaît le luth, à la croix de Jules Vallès en passant par Charles-François Panard (XVIIIe) et sa bouteille (bouteille dont le personnage abusait d'ailleurs dans la vie), ou l'œil de Nicolas Cirier (XIXe), cette forme manuscrite vécut davantage au rang de curiosité qu'au rang de création littéraire. Apollinaire et Pierre-Albert Birot imaginèrent des calligrammes figuratifs sans doute plus poétiques parce que porteurs de rêve. Aujourd'hui, Maurice Roche, Carelman, d'autres, s'y adonnent encore avec bonheur.

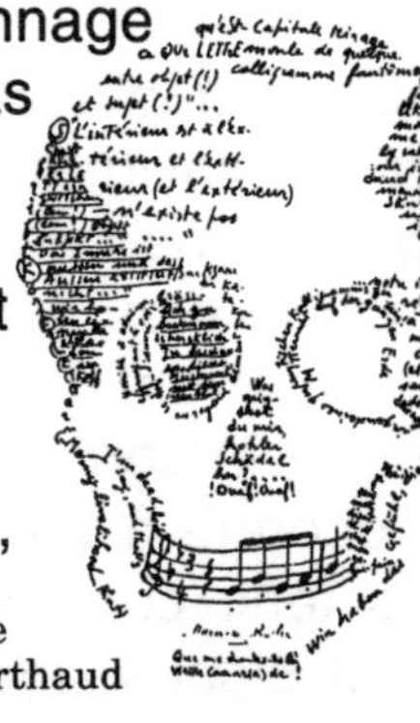

Maurice Roche
Camar(a)de Arthaud

Le dactylogramme, qui consiste à écrire-dessiner sur la machine à écrire, est plus récent. Un des premiers se trouvait dans *Aventures du général Francoquin* :

— Et voici donc le paysage, le décor de notre histoire, ci-dessous :

```
                                                                   00
                                                                 o00
feuille feuille feuille        v              v                oo
feuille feuille feuille                  vv                   ooo
feuille feuille feuille                                     toit
feuille feuille feuille     v      v                   i    toit
   t       t       t              v   v             o        toit
   r       r       r                              t           toit
   o       o       o                              i           l  l
   n       n       n                              l           l  l
   c       c       c                              l           l  l
```

Yak Rivais, Gallimard 1967

Autre jeu pour l'œil, mais oui: la simple « mise en page » d'écriture si chère aux poètes, de Charles Nodier à ceux des revues *TXT* ou d'*Atelier*.
Et mentionnons encore pour mémoire les livres-objets surréalistes, et de nos jours, les faux livres d'artistes...

En classe

D'abord: quel rapport au langage? Comment stimuler l'écriture à partir du calligramme, qui plaît certes beaucoup aux enfants, mais risque de ne pas dépasser la simple expression spontanée.
Le jeu le plus facile consiste à rédiger-dessiner un texte linéaire. Ces jeux ont besoin d'enrichissements. L'écriture géométrique apporte la contrainte libératrice à cette fin.
On opérera à partir du nombre de lettres ou du nombre de mots, sans tenir compte des intervalles entre les mots. Voici un carré de 18 signes, mais on s'attaquera encore au rectangle, au tra-

pèze, au triangle, au pentagone, à l'hexagone, à l'étoile,... On pourra indifféremment travailler sur la ligne, sur la surface pleine de la figure, ou sur la surface en creux, en écrivant autour. La spirale, à angles droits, peut se réaliser sur la table de multiplication. Pour cela, compter les lettres de sorte que le premier côté fasse par exemple 2 lettres, le second 2 x 2 lettres, le troisième 3 x 2 lettres, etc.

Mon frère va à la pêche. Il attrape un poisson. Il le rapporte le soir. Nous le mangeons tous.

CE2, Paris

un jour Jeanne en colère a rencontré un grand chien. Le chien la lécha. Le chien la consola. Il lui fit une caresse. Ils partirent ensemble. Jeanne était très joyeuse. Elle acheta un os pour son ami.

CM, Fumay

Voici encore un dactylogramme, par un CE2 (une villa) :

À	À
LA	LA
MER	MER
NOUS	NOUS
AVONS	AVONS
ÉCRASÉ	PLONGÉ
TREIZE	TROUVÉ
JEUNES	TRENTE
CRABES	MOULES
ROUGES	NOIRES

La grammaire aussi est porteuse. Qu'on place par exemple en tronc d'arbre le sujet et le verbe, et les compléments en branches.

TRONC :

***Un** petit bonhomme se promène*

BRANCHES (ordre modifiable) :

— *de 2 heures à 3 heures*
— *avec son chien et sa femme*
— *à bicyclette*
— *en mangeant une glace*
— *dans un parc*

CE2, Paris

Autre règle pour faire une fleur :

VERBE sur la TIGE : ***R**egardez*

NOM au centre : *ce perroquet*

ADJECTIFS QUALIFICATIFS possibles sur les PÉTALES :

joli / grand / bavard / multicolore / moqueur
léger / bruyant / africain...

Sur la même marguerite, on procédera à d'utiles recherches d'adverbes.
Avec le pronom relatif, on s'amusera au palmier.

TRONC :

***Le** blouf est un animal qui*

PALMES :

mange des glands verts
marche à six pattes
vole au-dessus des toits la nuit...

CM2, Niort

Le sapin de Noël (ci-contre) permettra de croiser les mots :

S
R
boUles
E
guIrlandes
S
U
muLticolores
P

des Étoiles
H
des Cheveux d'anges
O
un gros pèRe Noël rouge
C
des floCons de coton
A

plusieurs chAndelles allumées

A
des beaux cadeaux Pour toute la famille
A
P

N
I
P
A
S

U
A

Le croisement de mots servira encore plus efficacement à élaborer des phrases, de gauche à droite et de haut en bas:

```
        A
        U
        J
        O
        U
    ApporRtez
        D
        '       Q
        H       U
        U       A
      amicalemenT R
                R O
            cahiEr S
                  E
                  S
```

CE2, Paris

Le même jeu (le mot suivant doit toujours croiser le précédent par une lettre commune) peut être pratiqué en opposant deux équipes. Chaque équipe placera un mot à tour de rôle. L'équipe vainqueur est celle qui réussira à achever une phrase la première. Voici un exemple (non monté), filles contre garçons d'une classe; une équipe est tombée en panne:

Ière équipe : ***Avez vous visité Vienne en bateau?***

2e équipe : ***Comment tirer renard prisonnier de...***

Bien entendu, on pourra faire faire des mots croisés classiques aux enfants, mais le plus intéressant sur le plan du langage est à mon avis de leur donner plutôt la grille remplie en leur demandant d'écrire les définitions:

c	a	r	t	a	b	l	e
a	■	e	r	r	a	i	s
h	■	g	o	m	m	e	s
i	■	l	u	e	■	v	u
e	l	e	v	e	■	r	i
r	a	s	e	■	n	e	e

Voici quelques définitions proposées par des CM2:
Horizontalement:

— *On met nos affaires dedans pour aller en classe.*
— *Iʳᵉ lettre de l'alphabet. Tu ne savais pas où aller.*
— *Lettre de l'alphabet. Servent à effacer...*

verticalement:

— *On écrit dessus.*
— *Iʳᵉ lettre de l'alphabet. Note de musique...*
— *6ᵉ colonne : bam ! (Un bambou coupé en deux.)*

On pourra demander aussi aux enfants en les épaulant d'essayer de composer des grilles de mots croisés.
Autre jeu de disposition, le texte rhombique (en forme de losange). (Voir exemple chapitre « Constructions ».) Mais on pourrait réaliser d'autres figures: sablier, trèfle, etc.
Attention à ce jeu de vilain ! Écrire avec de jolies lettres découpées dans des revues ; visualisation artistique du jeu abécédaire mentionné au chapitre précédent :

I. R, G. T. N. R. V. é. M. U.

« Hier, j'étais énervé et ému »

Écrire avec des mots découpés dans le journal. Lisez le début d'une biographie douteuse, envoyée par une classe de seconde :

N é en Chine Marcel Claude décida il y a quarante ans de s'endormir à Orly il peignait tous les après-midi, dans un café qui s'appelait Le Financier. Il avait un message en tête. D'ail- leurs, il était devenu officier, A partir de 1962, il faisait si bien la guerre qu' il n'arrivait pas à vendre ses tableaux. Il a préféré

Après le collage, les jeux de page arrachée, de ligne ou de vers manquants,...

Cette catégorie de jeux vise à retrouver (ou à imaginer autre) la partie manquante d'un ensemble constitué. C'est ainsi qu'existent des jeux de page coupée en deux verticalement, de texte rongé par les rats, d'une ligne ou d'un vers sur deux, etc., qui suggèrent de réinventer le message détérioré. Des auteurs se sont d'ailleurs amusés à produire eux-mêmes le double sens. Voici quelques vers brisés célèbres :

De cœur parfait	*Chassez toute douleur,*
Soyez soigneux,	*N'usez de nulle feinte,*
Sans vilain fait	*Entretenez douceur*

Octavien de Saint-Gelais

Par les plus grands forfaits	*J'ai vu troubler la terre.*
Sur le trône affermi,	*Le roi sait tout dompter.*
Dans la publique paix,	*L'amour seul fait la guerre :*
C'est le seul ennemi	*Qui soit à redouter.*

Zadig, Voltaire

La lecture des vers entiers est fort différente de la lecture des demi-vers. Mais, voyez, sous l'Occupation, ce poème plié :

Aimons et admirons	*Aimons et admirons*
Le chancelier Hitler!	*L'éternelle Angleterre*
L'éternelle Angleterre	*Le chancelier Hitler!*
Est indigne de vivre...	*Est indigne de vivre...*

D'autres ont pris plaisir à pondre un vers « utile » sur deux :

Je suis bien émue de vous dire que j'ai
bien compris l'autre jour que vous avez
toujours l'envie folle de me faire
danser. Je garde le souvenir de votre
baiser et je voudrais...

Attribué à George Sand

N'allons pas plus loin.
Plus littéraire, l'écriture de Laurence Sterne laisse carrément un blanc : au lecteur de meubler s'il le peut le portrait de la veuve Wadman, personnage de Tristram Shandy.

Exploitons avec exigence. Les jeux découpés sont difficiles, parce qu'il faut concevoir « un » ensemble pour reconstituer ce qui fait défaut. Écrire au tableau un texte à la portée des élèves, à raison d'une phrase sur deux. Les enfants essaient oralement de combler les vides apparents. Attention : l'intérêt premier n'est pas en effet de **re**-trouver le texte initial, mais de profiter des coupures pour parler. Voici un exemple dont le texte initial est en gras :

Depuis 8 jours renard n'a rien mangé. *Où aller ? se dit-il.* ***Où aller pour trouver quelque lapin à croquer?*** *Y a-t-il une ferme pas loin de là?* ***Rien à se mettre sous la dent, rien!*** *Renard n'en peut plus, il a trop faim.* ***Mais voici un jardin, une ferme et là-bas un poulailler****. Renard est prêt à se mettre à table. Il voit beaucoup de poules dans le poulailler. Enfin quelque chose à croquer! ...*

CE1

Les enfants ont respecté le sens. Ils ont parfois proposé plusieurs phrases pour une. C'est pourquoi je préfère ce jeu à celui d'une ligne sur deux, trop assujetti au texte à reconstituer. (Inversement, le jeu d'une ligne sur deux impose ses structures et fait réfléchir à partir de celles-ci.)

Autre jeu à trou, plus intéressant: une réplique sur deux. Celles de Toinette sont au tableau; les enfants d'un CE2 essaient d'inventer celles d'Argan:

*... **Toinette**: Oui. Que sentez-vous?*
***Argan**: Je ne sens plus mes jambes le soir quand j'ai trop marché.*
***Toinette**: Justement. Le poumon.*
***Argan**: Quand j'ai trop couru j'ai un point de côté.*
***Toinette**: Le poumon.*
***Argan**: Quand j'ai trop mangé, j'ai mal au ventre.*
***Toinette**: Le poumon.*
***Argan**: Après avoir pris mon bain je me sens tout léger...*

Le Malade imaginaire

Ne pas
se soucier
de ressemblance
avec le texte
original,
inconnu
des enfants au départ.
On le fera connaître
(mieux) après.

Autre jeu?
L'expression,
le proverbe,
coupés en deux.
Donner
le début ou la fin:

On a souvent besoin... *d'amour/de manger/d'un chien/d'un pistolet/d'un ami/de boire...*

Prose: donner le début d'une histoire et sa fin. Aux enfants d'inventer le milieu. Exemple:

Un matin, Petit-Bonhomme s'en alla au marché...
... Et Petit-Bonhomme devint roi.

Les jeux de texte à allonger ou à réduire sont également passionnants. On propose une courte phrase qu'on demande aux enfants d'intégrer à une phrase plus longue et logique. Exemple :

Un chat boit du lait.

Les élèves essaient au brouillon des combinaisons et disent leurs trouvailles.

***Un** petit **chat** gris et noir sur son tapis très doux **boit du lait** chaud car c'est l'hiver et qu'il fait froid dehors...* (26 mots, par une élève de CE2)

Inversement, remettre aux joueurs un texte de 100 mots, et réclamer une réduction précise à 20 mots. Voici, à partir d'un même texte :

« Vous n'allez pas me croire et pourtant c'est vrai.
Léonard habitait une maison si minuscule qu'on ne pouvait même pas y installer un poste de télévision.
La maison était minuscule et dedans il y avait : Léonard, sa mère, son père et ses cinq frères et sœurs, le chat, le chien et des tas de livres.
Le dimanche, pour voir la télévision, Léonard allait déjeuner en ville, chez sa grand-mère. Elle s'appelait Léontine, elle était gentille ; mais elle était surtout un peu bizarre.
*Figurez-vous que la vieille dame **adorait** les épinards.*
Bon, c'est son droit. »

H. de Camaret

Réductions :

Léonard habitait une minuscule maison.
On ne pouvait pas mettre un poste.
Pour voir la télé, il alla chez grand-mère.

Le dimanche, Léonard allait chez
sa grand-mère voir la télévision.
Figurez-vous que la vieille dame bizarre
adorait les épinards... »

Groupe mixte CE2-CM1-2, Brême

Autre jeu. Jeu? Plus ambigu, le caviardage consiste à noircir un certain nombre de mots d'un texte de manière à faire apparaître un message à l'aide de ceux qui subsistent. Les censeurs de courrier ne laissaient-ils pas ainsi aux prisonniers un texte conforme à leur « manière de voir » — je n'ose appeler ça « pensée ».

Les enfants maîtrisent souvent ce jeu mieux que les adultes. La raison en est que les adultes s'attachent au sens du support, tandis que les enfants cherchent les mots dont ils ont besoin pour **leurs** phrases.

1. En conservant le sens, réduire un texte. (J'en ai parlé; ici, il faut utiliser les mots du texte support.)

2. Jeu de pioche. Les enfants se servent dans le texte support des mots nécessaires à leurs compositions, sensées ou non, dans n'importe quel ordre. Évidemment, ils ne sont pas autorisés à **ajouter** des mots ne figurant pas dans le texte à caviarder.

Exemples :

Le dimanche, la vieille dame était en ville.
La vieille dame était minuscule.
Léonard adorait les épinards.
Le chien adorait le dimanche...

Accepter les phrases farfelues :

Figurez-vous que la maison de Léonard était dans la télévision. Dans les livres, il y avait Léonard, sa mère, son père, ses 5 frères et sœurs, son chat et son chien...

3. Piocher encore des mots du texte mais pour faire des phrases en respectant l'ordre où ils apparaissent dans le texte caviardé.

Léonard (deuxième ligne) *avait* (quatrième ligne) *la télévision mais* (septième) *elle était bizarre* (huitième).

4. Les joueurs disposent du texte photocopié ; noircir les mots qui ne les intéressent pas, et laisser un texte avec ceux qui les intéressent.

Résultat, par 2 élèves de CM2 :

Vous allez me croire. Léonard habitait un poste de télévision minuscule et dedans, il y avait : sa mère, son père et ses cinq frères et sœurs, le chat, le chien et des tas de livres. Le dimanche, Léonard allait déjeuner chez sa grand-mère. Figurez-vous que c'est son droit.

Une dernière série de jeux pour l'œil concerne la disposition typographique mais n'a d'intérêt que si elle est intimement motivée par le sens et la poésie. Je veux parler de la mise en page. Classique, ou non (« Un coup de dés jamais n'abolira le hasard », par exemple!), les modèles ne manquent pas. Copiez. Et quand vous serez en panne, faites comme les poètes. Inventez.

13

A PARTIR DES JEUX DE SOCIÉTÉ

Petit historique

La plupart des jeux littéraires sont, à l'origine, des jeux de société. Les surréalistes, qui les pratiquaient fréquemment, en ont développé un grand nombre. Le peintre Jacques Hérold, à qui je demandais où ils trouvaient le temps de jouer, me répondit : « Nous n'avions rien d'autre à faire le soir, il n'y avait pas la télévision ! » Mais de nombreux jeux n'en sont pas moins inspirés de jeux de société. Hérold ne peignit-il pas avec Brauner, Breton, Ernst, Lam, Masson, Lamba, Dominguez, le fameux jeu de cartes de Marseille ? Tout le monde connaît le jeu de tarots ; Calvino s'en est inspiré pour écrire. Qui n'a pas en mémoire les rapports d'*Alice aux pays des merveilles* avec les cartes à jouer ? Dans *Alice à travers le miroir*, il est davantage question des échecs — comme dans *la Vie mode d'emploi* de Perec, où les personnages se déplacent sur les quatre-vingt-dix-neuf cases-appartements de l'immeuble.
Et les dés ? Rabelais se risquait déjà à les interroger pour écrire le *Tiers Livre*, à propos du mariage de Panurge.
Les cartes de géographie depuis la carte du Tendre n'ont cessé de fleurir. Cavanna, sur une photo de femme nue, rebaptise les « reliefs » :

Tendre sur Compte-en-Banque, Monts des Premiers Émois, Ballon du Polichinelle, Cul-de-Sac de la Bague-au-Doigt ...

Le jeu de l'oie, espèce de carte avec des passages obligés, intéressa vivement Jules Verne. Dans *le Testament d'un excentrique*, l'excentrique en question avait imaginé de ranger les États-Unis par cases et répétait quatorze fois l'un d'eux. Les six joueurs héritiers devaient se déplacer grâce aux dés, le vainqueur étant le premier à accéder à la case soixante-trois. Un classique!

D'autres jeux existent. Roubaud a cultivé le jeu de go, Delbourg a refait un plan du métro littéraire, sorte de rallye culturel avec des noms d'auteurs en guise de stations.
De son côté, Tzara inventait Dada — rien à voir avec le jeu de petits chevaux — et découvrait une nouvelle manière... d'écrire (?)

Prenez un journal.
Prenez des ciseaux.
Choisissez dans ce journal un article ayant la longueur que vous comptez donner à votre poème.
Découpez l'article.
Découpez ensuite avec soin chacun des mots qui forment cet article et mettez-les dans un sac.
Agitez doucement.
Sortez ensuite chaque coupure l'une après l'autre ...

En classe

Soulignons qu'il existe déjà, jeu dérivé du tarot, des batteries d'images séquentielles muettes pour stimuler l'imagination et le langage des petits. Voir chapitre « Logorallye ».
Citons aussi au passage les images devinettes, (Épinal).

Mentionnons encore le jeu de rôle, dans lequel les lecteurs ont le « choix » de se rendre ici ou là, page tant ou page tant. Il va de soi qu'écrire-réaliser un jeu de rôle est plus exaltant que le lire. Pour cela, on dessinera au tableau l'arbre des différents itinéraires avec numéros et pictogrammes. On dressera au préalable une liste des personnages amis, ennemis, des pouvoirs des uns et des autres, etc. (Voir chapitre « Logorallye ».)
A propos d'arbre, la réalisation d'un arbre généalogique est un sujet riche. On pourra faire faire un arbre d'une famille réelle, ou collectivement d'une famille inventée, en apportant dans chaque case des renseignements sur chaque personnage.

Quelques jeux permettent de travailler grammaire et syntaxe. D'abord celui-ci, qu'on pourrait apparenter aux exercices pour l'œil. On dessine une pendule. La petite aiguille indique un verbe au choix, le centre du cadran étant occupé par un nom. Il s'agit de remplir les repères habituels (5, 10, le quart, 20, etc.) par des noms, de manière à peindre les activités d'un personnage sous forme de comptine en faisant le tour du cadran. Exemple :

A midi, le fermier mange du pain. A une heure, le fermier s'occupe des poules. A deux heures, le fermier soigne les chevaux. A trois heures, le fermier donne de l'herbe aux lapins. A quatre heures, le fermier coupe le blé. A cinq heures, le fermier...

CP, Tours

On aurait pu, à partir d'activités plus rapprochées, dire :

A midi, je fais ceci. A midi 5, je... A midi 10, je...

On procédera à un compte à rebours :

Douze petits soldats s'en allaient en guerre. A une heure, un petit soldat sauta sur une mine, il n'en resta que onze. A deux heures, un petit soldat tomba dans un trou, il n'en resta que dix. A trois heures, un petit soldat...

CE1

J'ai déjà parlé du jeu des âges à raison d'une phrase par année :

J'avais 20 ans et je ne permettrai à personne de dire que c'est le plus bel âge de la vie.

Nizan

Ce jeu peut être figuré comme le précédent :

A un an, on est tout petit, on marche à quatre pattes. A deux ans, on trottine en se dandinant et on casse les vases dans la maison. A trois ans...

Sur le même support (jusqu'à 24) tirons les rois en rimaillant :

Louis premier, va chez l'épicier. Louis deux, va s'acheter des œufs. Louis trois, est bête comme une oie. Louis quatre, va acheter du plâtre. Louis cinq, boit un verre et trinque. Louis six, mange des saucisses. Louis sept,...

CP

Savez-vous jouer aux dominos ? Deux équipes piocheront dans le tas de dominos, et devront inventer des mots comportant autant de lettres que de points sur le domino tiré. Dès qu'une équipe sera en mesure de produire une phrase correcte avec plusieurs mots préparés ainsi, elle se débarrassera des dominos correspondants. L'équipe vainqueur est celle à qui reste le moins de points à la fin — par conséquent celle qui a le mieux réussi à inventer des phrases à travers les circonstances de la pioche.
J'ai joué plusieurs fois à ce jeu avec des élèves, mais il est difficile de livrer des « résultats », le principal intérêt du jeu étant la composition improvisée du plus grand nombre de phrases *hic et nunc*.

On peut pratiquer ce jeu à l'aide d'un simple dé. On partage la classe en deux camps. Chaque camp jette le dé à tour de rôle et cherche donc un mot d'autant de lettres que le nombre de points obtenu. L'équipe essaie alors de combiner ce mot aux autres mots déjà trouvés pour produire des phrases.
On peut aussi lancer le dé un nombre de fois déterminé, noter les points obtenus par chaque équipe, et ne commencer qu'alors à chercher mots et phrases. L'équipe gagnante, là encore, est celle à qui il reste le moins de points inutilisés.
Exemple :
Jeu de la première équipe sur 15 lancements de dé :

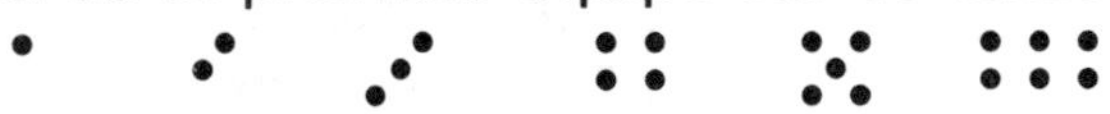

2 fois 3 fois 4 fois 3 fois 2 fois 1 fois

Jeu de la seconde équipe :

⚀	⚁	⚂	⚃	⚄	⚅
2 fois	3 fois	4 fois	3 fois	2 fois	1 fois

Cette équipe gagnante a trouvé :

Moi je suis belle. J'aime les pommes. Le roi a perdu sa pipe.

Il lui reste un mot de trois lettres inutilisé.

Voici deux autres jeux de dés plus difficiles mais qui passionnent les enfants.
Premier jeu. Donnons à chaque face du dé une correspondance :

Un : complément circonstanciel de lieu; ***deux :*** complément circonstanciel de temps; ***trois :*** sujet du verbe; ***quatre :*** complément objet du verbe; ***cinq :*** verbes; ***six :*** complément circonstanciel de manière.

Deux équipes lancent le dé tour à tour. Les scores obtenus sont notés au tableau. Chaque coup de dé détermine la portion grammaticale de phrase que l'équipe aura à produire. Il va de soi que certains compléments dits « déplaçables » peuvent être trouvés indépendamment du sujet et du verbe. En revanche, le complément d'objet dépend du verbe, et le verbe du sujet — encore que certaines tournures autorisent la trouvaille du verbe avant celle du sujet. Bref. Les enfants jouent, et lorsqu'une équipe ne trouve pas ce qui lui est demandé, elle a le droit de passer son tour. L'équipe vainqueur est celle qui a achevé une phrase cohérente la première :

En Chine, / à sept heures du matin, / à bicyclette, / un petit Chinois / a salué / le président.

Deuxième jeu. Attribuons aux faces du dé d'autres significations :

un *: verbe;* ***deux*** *: nom féminin;* ***trois*** *: nom masculin;* ***quatre*** *: verbe;* ***cinq*** *: adverbe;* ***six*** *: pronom relatif « qui ».*

On joue jusqu'à ce qu'une équipe ait tiré tous les numéros et réussi à faire une phrase cohérente avec eux. Elle peut refuser un numéro et céder son tour.

Et si nous jouions au loto?
Chaque équipe reçoit la même carte à cases. Dans les cases figurent des indications : « article, nom, verbe, pronom personnel, adjectif qualificatif, adjectif possessif, pronom possessif,... » correspondant à des numéros.
Tous ces numéros sont dans une boîte où les joueurs piochent. Le numéro tiré indique à l'équipe quel mot inventer afin de composer des phrases. On se débarrasse évidemment des phrases constituées, et l'équipe gagnante est celle à qui il reste le moins de cases chargées de mots inemployés à la fin du jeu.

Il existe beaucoup d'autres jeux :

Les jeux d'intrus
Dans des séries de mots, trouver celui qui ne devrait pas y figurer. Le jeu portera sur des familles de mots (vocabulaire), sur des mots grammaticaux (des adverbes, sauf un), sur des verbes (tous du même groupe, sauf un), sur des verbes conjugués (un verbe est à un temps différent, ou à une personne différente), sur des mots au singulier (mais en songeant au pluriel, un sera différent), sur des phrases (une négative), des textes (des traductions), des vers, etc.

Les jeux de puzzle
On donne des groupes de mots en vrac, avec lesquels constituer

ou reconstituer un texte, à la façon des mille milliards de poèmes. On peut aussi donner des demi-alexandrins avec lesquels constituer ou reconstituer un poème, etc.

Les jeux de chaîne
Un élève décrit une carte postale à un camarade qui ne l'a pas vue et qui tâche ensuite de redire au troisième ce que le premier lui a dit. Le troisième dessine.

Les jeux d'enchaînements logiques, à la façon de Selma Lagerlöf :

Voilà la pluie, la pluie donne le printemps, le printemps donne les fleurs et les feuilles vertes, les fleurs et les feuilles vertes donnent larves et insectes, larves et insectes nous donnent,...

Le Merveilleux Voyage de Nils Holgersson, Selma Lagerlöf

ou de cette comptine anonyme :

Faute de clou de sabot,
le sabot est perdu ;
Et faute de sabot,
le cheval est perdu,...
... Faute de clou de sabot,
le royaume est perdu !

Les jeux de vitesse
Donner un verbe : les équipes feront cinq phrases chacune où le verbe apparaît à cinq temps différents. Ou bien : cinq élèves côte à côte. Chacun dit une phrase à son tour, en reprenant **obligatoirement** un mot de la phrase dite par son prédécesseur. Chronométrer : celui qui n'a pas trouvé en dix secondes est éliminé, le jeu continue entre ceux qui restent.

Les jeux de plan de métro
Les élèves essaient, sur le plan du métro muet, d'imaginer une ligne historique, une ligne littéraire, attention à l'ordre chronologique ; une ligne artistique, une ligne scientifique, les découvertes et inventions, une ligne musicale, etc. Attention aussi aux connexions !

Les jeux d'écriture à la Tzara
On propose aux enfants de sélectionner dans des livres des phrases qui leur plaisent. On écrira toutes les phrases au tableau, et les élèves essaieront d'en rapprocher pour faire une histoire. On leur donnera l'autorisation de modifier ces phrases pour uniformiser.

Les jeux de petits chevaux, ou les jeux de l'oie, en prenant un thème ou une histoire à suivre et en combinant images et règles du jeu. (La rédaction de règles est souvent passionnante.)

Les jeux à partir des cadavres exquis surréalistes ou **les jeux à base de questions réponses,** étant entendu que dans le dialogue chacun ignore ce que fait l'autre.
On confronte.

Qu'est-ce qu'un verbe? / C'est un homme qui apprend à lire aux enfants.
Qu'est-ce qu'un chat? / C'est une petite boule de verre pour jouer.
Qu'est-ce qu'un chien? / C'est ce qu'on met sur le dos du cheval pour s'asseoir dessus...
6e, Vendin

Pour guérir les graves maladies / il faut faire du feu.
Pour devenir riche / il faut fabriquer des choses.
Pour ne jamais mourir / il faut jouer...
CM, La Ferté-Bernard

On peut jouer à trois groupes. Le troisième cherche des compléments circonstanciels.

Pour empêcher les taggeurs de salir le métro /
il faut boire de l'eau /
l'hiver dans les champs avec plaisir...
CM2, Paris

On peut jouer à quatre. Il s'agit d'apprendre à placer « d'abord », « puis », « ensuite », « enfin ».

D'abord il saute à bicyclette,
Puis il avale une cuillerée de sirop,
Ensuite il demande l'heure à sa voisine,
Enfin il achète une baguette de pain.
CM, Toulouse

J'aimerais signaler une forme qui ressemble au tennis. Deux équipes. La première compose une phrase, par exemple de cinq mots. La seconde doit composer à son tour une phrase de cinq mots. Chaque équipe échafaudant une histoire, ou une description, ou un document, doit évidemment garder une cohérence dans sa production. Si la première alors compose une autre phrase, par exemple de trois mots, la seconde poursuivra avec une phrase de trois mots également. Etc. On peut chronométrer et exiger des équipes qu'elles produisent leurs phrases à chaque fois en moins de deux minutes.

Ensuite, on échange les rôles, l'équipe leader devenant répondeuse. On peut échanger les rôles à chaque relance. L'équipe A commence, l'équipe B répond. C'est alors l'équipe B qui débute, et l'équipe A qui réplique. Puis l'équipe A reprend le commandement pour une phrase, etc.

On variera le jeu en proposant une imitation non plus sur le nombre de mots par phrase, mais sur la structure grammaticale proposée par l'équipe leader. Exemple avec un CE2 :

Équipe A propose : *Le chasseur marchait dans la plaine. (Sujet / Verbe à l'imparfait. / Complément circonstanciel de lieu)*	→	*Équipe B répond :* *Le garçon se promenait dans la forêt. (Sujet / Verbe à l'imparfait. / Complément circonstanciel de lieu)* ↓
Équipe A répond : *Il aperçut un faisan. (Sujet / Verbe au passé simple. / Complément objet)* ↓	←	*Équipe B propose :* *Il rencontra une tortue. (Sujet / Verbe au passé simple. / Complément objet)*
Équipe A propose : *Il saisit son fusil, il visa et tira.*	→	*Équipe B répond :* *Il prit la petite bête, il s'accroupit*

(Sujet / Verbe au passé simple. /
Complément objet /
Sujet / Verbe au passé simple. /
Verbe au passé simple.)

et s'assit.
(etc.)

On pourra constituer plus de deux équipes. Le meneur de jeu proposera une même structure pour tous. L'équipe vainqueur sera celle qui aura réussi la première à faire ses phrases sur cette structure. Par exemple :

— *Sujet / Verbe / Complément d'objet / Complément circonstanciel de lieu / Complément circonstanciel de temps / Complément circonstanciel de manière.*
— *Sujet / pronom relatif et Verbe / Complément d'objet / Verbe.*
— *Nom commun / adjectif qualificatif / Verbe du 2ᵉ groupe / Adverbe / Nom.*

Le renard cherchait du gibier dans le bois la semaine dernière en rampant. Un écureuil qui ramassait des glands approcha. Le renard agile bondit souplement sur le rongeur.

14

LA VOITURE BALAI

Comme il faut finir, je regrouperai dans ce chapitre un certain nombre de jeux intéressants que j'aurais sans doute pu intercaler dans tel ou tel chapitre, mais qui sont en rade. Beaucoup furent pratiqués par des auteurs.

Plusieurs versions d'une même information ou histoire

Dans *Lettre de Sibérie,* Chris Marker livre plusieurs commentaires sur la ville d'Iakoutsk, l'un « favorable », le second « hostile », le troisième « objectif » :

Commentaire « favorable » :
Iakoutsk, capitale de la république socialiste soviétique de Yakoutie, est une ville moderne, où les confortables autobus mis à la disposition de la population croisent sans cesse les puissantes Zym, triomphe de l'automobile soviétique.

Commentaire « hostile » :
Iakoutsk, à la sinistre réputation, est une ville sombre, où tandis que la population s'entasse péniblement dans des autobus rouge sang, les puissants du régime affichent insolemment le luxe de leurs Zym, d'ailleurs coûteuses et inconfortables.

Commentaire « objectif » :
***A** Iakoutsk, où les maisons modernes gagnent petit à petit sur les vieux quartiers sombres, un autobus moins bondé que ceux de Paris aux heures d'affluence, croise une Zym, excellente voiture que sa rareté réserve aux services publics.*

Chris Marker, *Commentaires, Lettre de Sibérie*

Queneau ne proposait-il pas, dans *Exercices de style,* quatre vingt-dix-neuf points de vue du même incident?
On pratiquera la fausse critique. P. Delbourg s'était amusé en 1979 à inventer, pour me parodier, une critique de mon livre *les Demoiselles d'A.,* entièrement composée d'emprunts à des critiques alors connus, en vrac : C. Mauriac, Kanters, Clémentin, Xénakis, Amette, Falanchon, Rinaldi, Wolfromm, Poirot-Delpech, Nourissier...
Je cite un extrait :

Sacrebleu, quel bouquin! Un livre dont on ne sort pas indemne. Une écriture imparable. Ça c'est torché! Du style, du bouquet, de la cuisse, le vrai talent nouveau est arrivé. Un chef-d'œuvre ou je ne m'y connais pas...

Les enfants aussi produiront de ces choses — à partir de la publicité notamment!
Et il y a des petits jeux.

L'acronyme

Il consiste à détourner les initiales.

PTT *: Petit Travail Tranquille.*

Les enfants inventent facilement là-dessus!

TGV : *Tarif Grandes Vacances*
: *Très Grande Vedette*
SNCF : *Saluons Nos Chers Français*
PC : *Petit C...*
PS : *Petit Salaud*
RATP : *Range Aussi Ta Pipe*
: *Reste Au Tapis Papa*

L'insulte inventée

Moule à gaufre! Bachi-bouzouck! Hergé

Sur les gros mots inventés, les enfants se montrent très forts quand on leur a précisé qu'il ne s'agit pas de lancer de vraies injures. Sinon, on a droit à un chapelet de vulgarités incroyables. Recours autorisé au dictionnaire :

Espèce d'uranie rhodanienne!
Espèce de symphise palmatifide!

Le logogriphe

Il ne faut pas le confondre avec l'anagramme; il consiste à tirer d'un mot une kyrielle d'autres indépendamment du nombre de lettres. On y jouera **soit** dans le sens habituel, d'un mot donné vers le plus de mots possible, **soit** à l'envers, d'une série de mots contenus dans un mot initial, à la recherche de ce mot. On pourra encore essayer de classer les mots tirés d'un mot initial en nombre de lettres croissant, et ne demander par exemple qu'un mot par nombre. Voici les trouvailles de deux équipes concurrentes à partir du mot « Voltaire » :

équipe A : *a / le / vol / taire / toiler*

équipe B : *a / va / ver / voile /aliter*

Bien entendu, les enfants avaient trouvé beaucoup d'autres mots :

lit, lot, air
volt, taie, vire, vite, lire, voir, vair, tire, vélo, rôti, loir, rôle, tôle, trie
tiare, lover, voilà, vêtir, loire, vraie, varie, voler

Il n'y avait que deux mots de six lettres, pas de mots de sept et huit.

A l'envers : je donne aux enfants les mots « tire », « votre », « roi », « rue », « tri », « voit », « torve », « truie », et je leur demande de reconstituer un mot comportant sept lettres. Ils font alors le compte des lettres figurant dans les mots donnés et obtiennent quatre voyelles : **e i o u** et trois consonnes : **r t v**.
Ils découvrent le mot *voiture*.

Le métagramme

Énigme à plusieurs réponses qui diffèrent d'une lettre. Exemple :

... divin marquis
... ne fait pas de sottise
... peu propre

... perfore un mur
... verbe de l'hymne anglais
Solution : *Sade, sage, sale, sape, save.*

Le dingbat

Jeu mis à l'honneur par Michel Laclos, à base d'astuce et d'inscriptions portées sur des cartelettes :

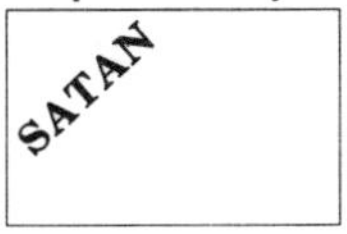

Solution : *Satan bouche un coin.*

Pas facile. Plus riche orthographiquement pour nous lorsqu'il s'agit d'omettre ou d'ajouter des lettres :

Omltt.
Solution : *omelette sans* ***e****.*

Jeu sur les nombres

Un par phrase et dans l'ordre.

Un Hun piquait des deux pour aller à Troyes quatre à quatre. Queneau

Lorsque les Huns s'en vont combattre,
Marchent-ils par deux ou par quatre ? Cami

Les enfants décollent plus pesamment :

Un jour, ***1*** *fantôme est venu dans ma chambre. Il avait* ***2*** *yeux brillants. Il était haut comme* ***3*** *pommes. Je me suis sauvé* ***4*** *à* ***4****. J'ai descendu l'escalier en* ***5*** *sec. Le fantôme courait comme une sau-****6****. Il n'avait pas de chaus-****7****. Moi j'ai pris la f-****8*** *dans la rue. Je n'allais pas vite parce que j'avais mes souliers* ***9****. Le fantôme n'a pas osé quitter la maison qui est au numéro* ***10****. Mais maintenant, je n'ose pas revenir chez moi et je n'ose pas parler du fantôme car j'ai peur qu'****11*** *moque de moi.*

CM, région de Bourges

Pratiqué sous forme d'inventaire, le jeu devient plus abordable. On sélectionnera des titres de livres, de bandes dessinées, de films, de chansons comportant un nombre — ou une astuce laissant apparaître un nombre. On les servira ensuite en ordre, soit sans histoire, soit avec.

L'étirement

Partir d'une phrase courte et demander aux participants de l'allonger progressivement, ce que fit Buzzati dans *Le rêve de l'escalier.* Deux façons d'opérer.
Soit on se contente d'étirer une seule phrase, comme ce CM2 de Nantes :

La Ferrari roulait.
La Ferrari roulait sur l'autoroute.
La Ferrari roulait sur l'autoroute hier matin.
La Ferrari roulait sur l'autoroute de l'ouest hier matin.
La Ferrari roulait sur l'autoroute de l'ouest à toute vitesse hier matin.
La Ferrari roulait sur l'autoroute de l'ouest à toute vitesse hier matin parce que le conducteur était pressé.
La Ferrari roulait sur l'autoroute de l'ouest à toute vitesse hier matin parce que le conducteur était pressé d'aller retrouver sa femme qui venait d'avoir un bébé à la maternité de...

Soit on reprend la phrase pour élément de départ et l'on brode de plus en plus au-delà. Voici, par une classe de 6e de la région d'Angoulême, à partir de la phrase célèbre :

La marquise sortit à cinq heures.

Première demande : cinq phrases. Deuxième : dix phrases.

La marquise sortit à cinq heures pour voir son frère. Il était à l'hôpital. Il avait la jambe cassée. La marquise lui apporta des fleurs. Puis elle rentra chez elle.

La marquise sortit à cinq heures pour voir son frère. Il était à l'hôpital. Il venait d'avoir un accident. Il s'était fait renverser par une moto en sortant de la banque. Heureusement, il n'avait qu'une jambe cassée. La marquise acheta des fleurs. Elle monta dans la chambre de son frère. Elle était contente qu'il ne soit pas gravement blessé. Elle resta avec lui une heure. Et après, elle rentra chez elle.

On continuera en réclamant quinze phrases, puis vingt...

La métaphore

N'en abusons pas, tout le monde n'est pas Proust! Aidons les enfants à rechercher des mots de sens parent. Ensuite seulement, passons à une description en les utilisant à la façon du jeu de logorallye — et sans obligation de tout employer.

Rien ne sert de penser, il faut réfléchir avant. P. Dac

Voici un jeu préparatoire, mis à la mode par les surréalistes, et autrefois à caractère magique — il figure encore dans l'astrologie chinoise — le jeu de « si c'était ». Un CM de Bailleau-l'Évêque m'a adressé ce questionnaire :

Et si vous étiez
un poisson? ... vous seriez?
un félin? un arbre? un tableau? une fleur? un animal? un champignon? (...)

Bien entendu, la réponse sèche ne présente pas d'ouverture. En revanche, travaillée, elle peut fournir matière à plusieurs phrases, ou anecdotes. A partir des réponses, on imaginera de dresser le portrait d'un personnage — même imaginaire. Exemple par un CM2, à partir des réponses « gardon », « panthère », « baobab », « la Joconde », « tulipe », « chien »,... :

*Monsieur *** est heureux chez lui comme un gardon dans un bocal. Le soir, couché sur son canapé comme une panthère, il ronronne de plaisir devant la télévision. Il est indéracinable, aussi solidement planté devant son émission préférée qu'un baobab en Afrique. Il regarde les chanteuses comme s'il s'agissait de « la Joconde ». Il aime les couleurs, il adore les fleurs; sa fleur préférée, c'est la tulipe parce qu'elle lui porte bonheur.*
A ses pieds, son chien fidèle s'amuse avec un os...

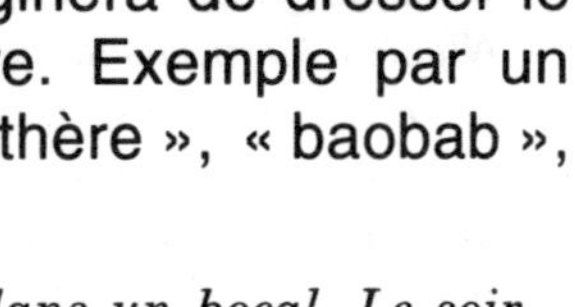

Le fantasme

Demander aux enfants de parler de choses extraordinaires, incroyables, et de développer collectivement. Voici, proposé par un élève doué de CE1 à Paris :

Émilien était à un concert. Il se dit à mi-voix :

« J'aimerais bien que le trompettiste joue du camembert. »
Et hop ! le trompettiste se retrouva en train de jouer du camembert. Émilien essaya sur la grosse caisse, et la grosse caisse se transforma en verre de lait. Il fit de même avec tous les instruments. Ensuite, l'orchestre joua du rôti, de la limonade, et tout ça fit un beau gâchis.

La rédaction

Je crois qu'on aurait tort de sous-estimer l'incitation à parler ou à écrire directe. La rédaction elle-même, traitée collectivement en langage, est porteuse. Par curiosité, j'ai demandé aux élève d'une classe de CM2 de me proposer des sujets. Certains sont typés, d'autres d'une large audience. Je ne cite pas tout, chaque enfant ayant proposé dix titres :

— *Le départ en vacances*
— *Le décollage de la fusée Ariane*
— *L'embargo contre Saddam Hussein*
— *Nicolaï Ceausescu ressuscité*
— *La mort de Sissi impératrice; racontez ses joies, ses peines.*
— *Les vampires ça existe*
— *Le président de la République a pété tellement fort qu'il s'est envolé. Il n'a pas envoyé de carte postale. Faut-il aller à sa recherche, comment ?*
(C'est une fille qui a proposé ce sujet !)
— *Les Indiens ont été chassés de leur territoire; trouves-tu ça normal ?*

Vrais et faux courriers

... Des imprimés à remplir. En voici un par un élève de 6e :

J'ai le regret de vous informer que votre fils — ~~fille~~ : Yak Rivais
de la classe de : écrivain
est mis(~~e~~) à la retenue le : (date inconnue) de 8 h 00 heures à 17 h 00 heures.

Motif de la punition :
Perturbe la classe avec son humour (que les profs trouvent noir). Par exemple, en cours de mathématiques, il répète sans arrêt : « A ça alors ». En cours de géographie, il dit : « J'ai vu des sorcières ». En cours de français, il

crie « un enfant dévore les livres ». Il fait rire toute la classe et perturbe nos cours.

Travail à effectuer :
Lire les livres du CDI puis grande visite du collège.
Cet avis est à apporter signé le jour de la retenue et à remettre au Conseiller d'Éducation.

Le Conseiller d'Éducation, Les Parents,

L'anaphore

Procédé qui consiste à répéter les débuts de phrases ou de vers.

C*eux qui sont amoureux, leurs amours chanteront,*
C*eux qui aiment l'honneur, chanteront de la gloire,*
C*eux qui sont près du Roi, publieront sa victoire,*
M*oi qui suis malheureux, je plaindrai mon malheur.* Du Bellay, *les Regrets*

Q*ue la parole te revienne, à toi que le mutisme étouffe !*
Q*ue l'encre trace de vivantes arabesques sur ton suaire de papier blanc !*
Q*u'en toi une araignée tisse la toile où des mouches se mettront à ta merci !*
Q*ue la table sur laquelle s'ouvre ton cahier devienne l'esquif de planches mû par une voile où le vent souffle !*
Q*ue ta chaise et son quadrangle de pieds t'unissent aux points cardinaux au lieu de n'être que la sellette qui t'isole quand tu y as pris place !*
Q*ue la lampe qui t'éclaire t'apprenne à ne plus être un feu avare !*
Q*ue l'oreiller ami de ton sommeil soit une outre gonflée de rêves !* Leiris

J*e n'ai pas peur...*

J*e n'ai pas peur des éléphants ni du noir,*
pas peur du maître,
J*e n'ai pas peur des fantômes,*
de mon papa non plus,
J*e n'ai pas peur des chauves-souris,*
ni du feu,
ni des cauchemars, ni du bruit,
J*e n'ai pas peur des films d'horreur, (...)* Un écolier

Les énumérations

Sans prétendre aux accumulations délirantes de Rabelais à propos de torche-culs ou de jeux de Gargantua, ni à la subtilité poétique de Leiris :

M*on amante, mon amie, ma mascotte, mon totem, mon talisman (...)*

les enfants se plairont à dresser des listes autour d'un thème. Par exemple, les jeux : partir du tableau de Bruegel. Réclamer ensuite qu'on étoffe les informations.

Toutes les écritures théâtrales

Elles seront bienvenues. Les enfants adorent le dialogue, pas nécessairement pour le jouer. La forme adoptée pour ses narrations par la comtesse de Ségur, et par Jules Renard dans *Poil de Carotte*, autorisera bien des réalisations collectives intéressantes.

Madame Lepic

Qu'est-ce que tu attends pour les tuer ?

Poil de Carotte

Maman, j'aimerais autant les marquer sur l'ardoise, à mon tour.

Madame Lepic

L'ardoise est trop haute pour toi.

Poil de Carotte

Alors, j'aimerais autant les plumer.

Madame Lepic

Ce n'est pas l'affaire des hommes...

Les histoires drôles

Les enfants en connaissent des tas qu'ils sont toujours disposés à raconter. Profitons-en donc, apprenons-leur à préparer une chute.

La prose rimée

Le maître de ce jeu fut le poète-romancier Rabiniaux.

Quand on entre juste à gauche, on trouve le Malapieds. C'est un endroit de débauche où chacun se rend à pied, guilleret à son approche. S'y rencontrent des pompiers, des bourgeois et des troupiers, des rêveurs de la main gauche, des vieillards plus très entiers... *l'Honneur de Pédonzigue*

Dans cette forme de production, très oralisée, on acceptera — à la différence des vers — que les **e** muets soient élidés devant une consonne.

Comme on fait quelquefois encore grand cas de l'Oulipo, je ne voudrais pas clore ce chapitre sans évoquer le célèbre jeu du S+7 ou S+10, qui consiste (en manipulant le dictionnaire, et c'est bien là le principal intérêt pédagogique) à rechercher le 7e ou le 10e nom après celui d'un texte support, pour le substituer à ce dernier. Le jeu, inventé par P. Lescure, devient vite lassant. Je proposerai donc une modification de ce jeu pour les enfants. Soit une phrase : rechercher pour chaque nom un nom commençant par la lettre suivante du nom à remplacer, et ainsi de suite jusqu'à épuisement des lettres.

Un exemple :

*Un **cheval** marche sur la **piste** et rentre à l'**écurie**.*
*Un **h**ibou marche sur l'**i**mmeuble et rentre dans une **c**heminée.*
*Un **e**mployé marche sur le **s**able et rentre à l'**u**sine.*
*Un **v**oleur marche sur le **t**oit et rentre dans la **r**emise.*
*Un **a**bbé marche dans l'**e**scalier et rentre dans l'**i**mmeuble.*
*Le **l**oup marche dans...* (fin du mot) *et rentre dans l'**é**table.* 6e, Charleville

On obtient ainsi un jeu de phrases avec autant d'acrostiches que de mots à remplacer. L'exemple précédent présentait des phrases sensées, mais on aurait pu accepter des phrases farfelues. Voici, par les mêmes :

*Le **c**heval marche sur la **p**iste et rentre à l'**é**curie.*
*L'**h**erboriste marche sur son **î**le et rentre dans sa **c**abane.*
*L'**e**thnologue marche dans la **s**avane et rentre dans l'**u**sine.*
*La **v**endeuse marche sur la **t**errasse et rentre dans la **r**ue...*

La littérature définitionnelle

A partir d'une phrase simple, remplacer les noms par les définitions du dictionnaire et renouveler l'opération avec les nouveaux noms obtenus. Voici, œuvre d'enfants de CM2 :

Le cheval courait dans le pré devient :
Un genre unique de mammifères ongulés de la famille des équidés,

remarquablement adapté à la course, caractérisé par l'allongement des membres et la possession d'un seul doigt à chaque patte (le doigt médian), le deuxième et le quatrième doigt étant réduits à de courts stylets osseux, allait rapidement dans une petite prairie.

• Suggestion

Ce jeu, classique, pourrait bien s'avérer plus riche à l'envers. Pour cela, à partir d'une phrase courte, procéder à part soi à la mise en définitions. Puis proposer le résultat obtenu aux élèves, qui tâcheront de comprendre et de rétablir la phrase courte. Exemple, avec un CM2 encore :

***U**n genre de mammifère carnivore, de la famille des canidés, à pelage gris jaunâtre, vivant dans les forêts d'Europe, d'Asie et d'Amérique poursuivait un gibier mammifère de l'ordre des carnivores, et de la famille des mustélidés, qui vit dans les terriers et qui est le plus souvent nocturne.*

On propose :

***U**n loup poursuivait un renard. Un loup chassait un renard. Un coyote poursuivait un blaireau. Un loup poursuivait un blaireau.*

La phrase de départ était :

Un loup chassait un blaireau.

D'autres modifications

A la littérature définitionnelle, je préfère un jeu qui laisse aux enfants le choix des modifications à opérer dans le texte support. Par exemple, remplacer les noms et adjectifs sur telle ou telle contrainte. Ici, les noms et adjectifs ont été remplacés par d'autres commençant par la même lettre — mais il y aurait d'autres possibilités :

L_éonard habitait une maison si minuscule qu'on ne pouvait même pas y installer un poste de télévision. La maison était minuscule et, dedans, il y avait : Léonard, sa mère, son père, ses cinq frères et sœurs, le chat, le chien et des tas de livres..._
L_aétitia habitait une mine si misérable qu'on ne pouvait même pas y installer un placard. La mine était misérable et, dedans, il y avait : Laétitia, sa maman, son papa, ses cinq frangins et saucisses, le canard, le castor et des tapis de laine..._

J'aurais pu refuser les mots « frangins » et « saucisses » — de l'expression « grande saucisse ».

Même si je conviens avec P. Dac que *L'avenir est du passé en préparation* (pensée pessimiste), j'aimerais rappeler avant de conclure que tout est toujours possible avec et par les mots, et que c'est notre œuvre d'apprendre aux enfants qu'ils portent le passé des hommes, leur présent, et ce qu'ils feront de leur avenir. L'enchantement de la langue, le pouvoir de la langue, passent par de multiples pratiques, ludiques, autant que possible, par d'innombrables essais et erreurs et surtout par cent mille milliards de plaisirs. Faire parler, faire dire, entendre, répondre, participer, communiquer, et, au bout des grands espaces découverts par les jeux de langage, produire, écrire...

U_ne fourmi de dix-huit m_
A_vec un chapeau sur la tête,_
Ç_a n'existe pas, ça n'existe pas._
U_ne fourmi traînant un char_
P_lein de pingouins et de canards,_
Ç_a n'existe pas, ça n'existe pas._
U_ne fourmi parlant français,_
P_arlant latin et javanais,_
Ç_a n'existe pas, ça n'existe pas._
E_h ! Pourquoi pas ?_

Desnos

Achevé d'imprimer en mai 1994
dans les ateliers de Normandie Roto Impression s.a.
61250 Lonrai
N° d'éditeur : 598
N° d'imprimeur : I4-0912
Dépôt légal : mai 1994

Photocomposition PAO :
Arts Graphiques Drouais 28100 Dreux